Renate Wind

Dorothee Sölle

Renate Wind

Dorothee Sölle
Rebellin und Mystikerin

Die Biografie

Kreuz

Inhalt

Vorwort 7

Träume mich, Gott 11

Compañera Dorothee Sölle presente! 17

Im Dunkel einer deutschen romantischen Jugend 23

Hineingehalten in das Nichts 33

Auf der Suche nach einer neuen Heimat 41

Ein Kapitel Theologie nach dem Tode Gottes 51

Begegnungen in Jerusalem 61

Politisches Nachtgebet 73

On n'arrête pas le soleil 87

Leiden und Leidenschaft 101

Hinreise 111

Leaving my mother's home and my father's country 121

Fliegen lernen 131

Zwischen den Welten 141

Die Erde gehört Gott 153

Der Gott der Befreiung 165

Mystik und Widerstand 173

Verrückt nach Licht 183

Gott umarmen 191

Anmerkungen 195

Verwendete Literatur 205

Vita 207

Bibliografie 209

Renate Wind

Dorothee Sölle

Renate Wind

Dorothee Sölle

Rebellin und Mystikerin

Die Biografie

Kreuz

Vorwort

Die Wahrheit wollte sie wissen, deshalb studierte sie Theologie. Am Anfang war es ein intellektuelles Abenteuer, doch es wurde der Beginn einer abenteuerlichen Lebensreise, eine große Suche nach Heimat und Identität, nach Gott und seinem Reich des »Schalom«. Irgendwann auf dieser Reise wurde Dorothee Sölle klar, dass sich Wahrheit nicht abstrakt definieren lässt; man kann sie nur konkret er-leben. »Weise mir, Gott, deinen Weg, dass ich wandle in deiner Wahrheit«, heißt es in einem Psalm. Auf diesen Weg hat sie sich eingelassen, er hat sie in die Welt und in eine radikale Lebenspraxis geführt und von da zu neuen Perspektiven über Gott und seine Wahrheit.

Diese Biografie geht an den Stationen dieses Lebensweges entlang. Sie versucht, den jeweiligen historischen Augenblick zu beschreiben, in dem Dorothee Sölles Lebensreise eine weitere Entwicklung oder auch Kehrtwendung erfährt, in dem ein neues Thema oder eine neue Herausforderung in ihr Leben tritt. Denn was auch immer an solchen Brennpunkten geschieht, es hat mit dem Zeitgeschehen zu tun. Es geht niemals nur um die persönliche Geschichte, sondern immer auch im wahrsten Sinne des Wortes um »Gott und die Welt«. Als Dorothee Sölle beginnt, Bücher und Gedichte zu schreiben und mit Aktionen wie dem Politischen Nachtgebet an die Öffentlichkeit zu treten, wird sie zu einer Person der Zeitgeschichte, die die Umbrüche und Bewegungen ihrer Zeit nicht nur theologisch, politisch und poetisch reflektiert, sondern gestaltet, inspiriert und verkörpert.

Wer so lebt, hat Weggefährten in aller Welt. Es gibt kaum einen bekannten Namen aus dem Bereich der Ökumene, der kritischen Prominenz in Politik und Kultur, der nicht in ihrem Umfeld auftaucht. Sie können hier nicht alle aufgezählt werden. Einige von ihnen werden erwähnt, weil sie zu einem Brennpunkt gehören oder eine besondere Geschichte erzählen. Eine Ausnahme bilden die zwei wichtigsten Lebenszeugen: Fulbert Steffensky, der »Lache-und-Weine-Partner«, und Luise Schottroff, die »beste Freundin«.

Ihnen verdanke ich die Fülle der bisher nicht veröffentlichten Bilder, Dokumente und Geschichten. Danken möchte ich ihnen auch, dass sie mir dieses Projekt anvertraut haben, denn ich gehöre kaum zum »inneren Kreis«, war nicht Freundin, Schülerin oder Wegbegleiterin, sondern am ehesten eine jüngere Zeitgenossin, seit 1965 engagiert in der Friedens- und Solidaritätsbewegung. Dort habe ich immer wieder mit Dorothee Sölle zu tun gehabt, als Aktivistin »vor Ort«, bei Veranstaltungen gegen den Krieg in Vietnam, für die Unterstützung Nicaraguas, bei Aktionen des Arbeitskreises für Frieden und Abrüstung und Tagungen der »Christlichen Friedenskonferenz«. Erst beim Hamburger Kirchentag 1995 habe ich sie persönlich kennengelernt, eingeladen in den Roosens Weg zu einem intensiven und interessanten Abend mit lauter bekannten »Namen«, die dort aber einfach Menschen waren, fröhlich und unkonventionell. Und aus dieser Perspektive wurden mir auch andere Seiten Dorothee Sölles bewusst, die ich bisher nur als Inbegriff charismatischer und manchmal auch sehr strenger Militanz kennengelernt hatte.

Die Rolle der Zeitgenossin habe ich seitdem beibehalten, in der Rede zu ihrem 70. Geburtstag und in den vielen Gedenkveranstaltungen nach ihrem Tod. Aus dieser

Sicht ist auch dieses Buch geschrieben worden. Es beansprucht keine Vollständigkeit; es gibt viele weitere wichtige theologische und spirituelle Würdigungen, die einen ganzen eigenen Band füllen würden. Mein Blick auf Dorothee Sölle ist geprägt durch den gemeinsamen Traum von einer Welt, in der Leben, Lieben und Arbeiten einen würdigen Platz erhalten, die ein Ort der »Fülle des Lebens« sein soll, der Gerechtigkeit und des Friedens für Menschen und Natur. Was ich mit ihr teile sind die Befreiungs- und Grenzerfahrungen politischer Bewegungen, die diesen Traum in gesellschaftliche Strukturen umsetzen wollen und in denen auch Christen ihren Platz gefunden haben. Was von diesen Bemühungen geblieben ist und untergründig weitergeht, wird die Zukunft zeigen, und ebenso, was von Dorothee Sölles Texten und Gedichten bleiben wird. Als poetische Rebellin und prophetische Mystikerin hat sie jedoch schon jetzt einen besonderen Platz in der Geschichte der Kirche und in unserer Erinnerung.

Am Ende aber wollte sie selbst nicht mehr sein als ein Tropfen im Meer der Liebe Gottes. Dafür bewundere und liebe ich sie besonders.

Nürnberg/Heidelberg, im Juli 2008 Renate Wind

Träume mich, Gott

Nicht du sollst meine probleme lösen
sondern ich deine gott der asylanten
nicht du sollst die hungrigen satt machen
sondern ich soll deine kinder behüten
vor dem terror der banken und der militärs
nicht du sollst den flüchtlingen raum geben
sondern ich soll dich aufnehmen
schlecht versteckter gott der elenden

Du hast mich geträumt gott
wie ich den aufrechten gang übe
und niederknien lerne
schöner als ich jetzt bin
glücklicher als ich mich traue
freier als bei uns erlaubt

Hör nicht auf mich zu träumen gott
ich will nicht aufhören mich zu erinnern
dass ich dein baum bin
gepflanzt an den wasserbächen
des lebens

Dorothee Sölle[1]

Engagiert für Frieden und Gerechtigkeit: Dorothee Sölle

Auf einmal stand sie da, eine von 180 000 Menschen, die zur Demonstration gegen die Stationierung der neuen Cruise-Missiles-Raketen nach Hasselbach im Hunsrück gekommen waren. Wahrscheinlich hatte sie bei einer der vielen Auftaktkundgebungen gesprochen, schließlich gehörte sie zu den prominenten Unterstützern der Friedensbewegung. Aber nun war sie einfach nur da, vor der großen Musikbühne, wie alle in der bei Großdemonstrationen üblichen Ausstattung für lange Wege und wechselndes Wetter und alle möglichen Notfälle. Es war der 11. Oktober 1986, ein klarer und sonniger Tag, und die Farben und Gerüche des Herbstes passten zu der Stimmung, die sich auf dieser friedlichsten aller Großveranstaltungen jener Jahre ausgebreitet hatte, zu dieser Hoffnung »trotz alledem«, die an diesem Tag Menschen aus allen Kreisen und Generationen vereinigte.

Die Friedensbewegung hatte die Aufstellung der neuen Generation von Atomwaffen nicht verhindern können; trotzdem war vieles in Bewegung. Die Logik des Kalten Krieges schien an ein Ende gekommen zu sein. Aus der Sowjetunion kamen Anzeichen von Veränderung, Entspannung und Abrüstung, ein Entgegenkommen, dem die Politiker und Militärstrategen des Westens nicht würden ausweichen können. Zum großen Konzert auf der Wiese kam neben vielen anderen Musikern eine bekannte Rocksängerin aus Moskau, um mit Udo Lindenberg zusammen für die Friedensbewegung in Deutschland zu singen. Danach redete ein russischer Gast, fremde poetische Laute wehten in den herbstlichen Himmel. »Was für eine schöne Sprache«, sagte Dorothee, ergriffen von diesem versöhnlichen Augenblick.

Manchmal fällt die deutlichste Erinnerung an einen Menschen mit der an einen besonderen Augenblick zusammen. Es war eine besondere Zeit, in der das Lied vom *»Wind of change«* die Hitlisten eroberte und der konziliare Prozess für Gerechtigkeit, Frieden und Bewahrung der Schöpfung die Kirchen. Es war eine Zeit, in der Musiker und Schriftsteller die Bewegung für eine andere Welt mit Kunst und Kultur bereicherten und dabei auch die Traditionen der alten Friedensbewegungen wieder aufleben ließen.

Ich halte dich in meinem Arm umfangen.
Wie ein Saatkorn ist die Hoffnung aufgegangen.
Wird sich nun der Traum erfüllen derer,
die ihr Leben gaben für das kaum erträumte Glück
– Leben, ohne Angst zu haben.

Mit diesem anrührenden kleinen Lied von Berthold Viertel und Hanns Eisler endete jedes Mal das Konzertprogramm zweier Künstlerinnen, die wie viele andere Kulturgruppen die Aktionen der Friedens- und Solidaritätsbewegung begleiteten.[2] Und irgendwo tauchte ein Gedicht von Johannes R. Becher aus den 50er-Jahren wieder auf, in dem das Inferno der Weltkriege und die Notwendigkeit des Kampfes für den Frieden beschrieben wird. Am Ende heißt es:

Rückschauend
Das Heute durchschauend,
Wendet sich
Der Blick
Ins Künftige,
Den Menschen sichtend:
Frei,
Einfach,
Schön,

Dem Traum entstiegen
Der Jahrhunderte.[3]

»Träume mich, Gott«, schrieb Dorothee Sölle, freier, glücklicher, schöner – am Ende sind es die gleichen Träume, die die radikale Christin mit dem militanten Kommunisten verbinden, mit dem einen, aber wesentlichen Unterschied, dass sich in ihrem Text nicht der Mensch zu einer Idealgestalt entwickelt, sondern dem

Traum Gottes entspringt. Zu sehr hatte die Geschichte bereits die Grenzen der menschlichen Autonomie und seiner Fähigkeit zum Guten dokumentiert. Für Dorothee Sölle bedeutete diese Erkenntnis die Notwendigkeit einer Rückbindung an Gott, die aber eine große Freiheit und Verantwortung in der Welt ermöglicht und verlangt. Für sie waren das »Niederknien vor Gott« und »den aufrechten Gang lernen« die zwei zusammenhängenden Pole ihrer Lebensgestaltung zwischen Stolz und Demut, revolutionärem Engagement und mystischer Gotteshingabe. Von ihm wollte sie in die Erde, die sie liebte, eingepflanzt werden »wie ein Baum an den Wasserbächen«. Am Ende, als hätte sie sich diesen Tag ausgesucht, wird die Losung ihres Todestages lauten: »Der Gerechte ist wie ein Baum, gepflanzt an den Wasserbächen, der seine Frucht bringt zu seiner Zeit, und seine Blätter verwelken nicht.« (Psalm 1,3)

In ihrem Glauben fühlte sie sich gut geerdet. Vielleicht konnte sie darum so aufrecht dastehen, eingewoben in diesen Traum, den in diesem Augenblick so viele unterschiedliche Menschen miteinander träumten: dass die Welt vielleicht doch in Ordnung kommen könnte, dass alle Geschöpfe Gottes miteinander leben könnten ohne Gewalt, ohne Zerstörung von Menschen und Natur, dass Leben und Arbeiten wieder ein menschliches Maß bekämen und dass das Leben in Fülle für alle möglich wäre und nicht der Luxus für wenige, dass der biblische »Schalom« Wirklichkeit würde, in dem sich Gerechtigkeit und Frieden für immer vereinen.

Über Dorothee Sölle kann man nicht reden, ohne über diesen Traum zu reden, die Vision noch einmal lebendig werden zu lassen, die sie beseelte, als sie dort im Herbst auf dem Feld stand und für den Frieden demonstrierte – frei, einfach, schön.

Compañera Dorothee Sölle presente!

Ihr siebzigster Geburtstag war ein ökumenisches Großereignis und wurde an mehreren Orten gefeiert, um alle Freundinnen und Freunde, aber auch eine große interessierte Zuhörerschaft unterzubringen. Die Festvorträge kamen aus Lateinamerika und den USA, aus Deutschland-Ost und -West, aus der Schweiz und aus Frankreich. Die Befreiungstheologie aus Lateinamerika und die feministische Theologie aus aller Welt waren vertreten, die Graswurzelbewegungen aus den Vereinigten Staaten, die Christen für den Sozialismus, die Aktivisten der Friedens- und Solidaritätsbewegung und die Vertreter einer neuen mystischen Bewegung, sie alle feierten eine Frau, die, stark und zerbrechlich, alle diese Bewegungen mitgetragen und inspiriert hatte, die eine neue Art, den christlichen Glauben zu leben und zu denken, verkörperte. Wenige Jahre später, bei den zahlreichen Gedenkfeiern zu ihrem Gedächtnis, kamen noch einmal alle zusammen, die sie im Leben begleitet hatten: Bischöfinnen und Mystiker, Feministinnen und Sozialisten, Sozialarbeiterinnen und Pfarrer, Musiker und Literaten, und sie alle trugen ein unterschiedliches Bild zur Erinnerung bei. Den einen war die Theologie der Befreiung präsent, den anderen der Feminismus, manchen vor allem die Theopoesie oder die Mystik. Bärbel Wartenberg-Potter, die Mitstreiterin und Freundin, brachte es am Ende auf den Punkt: Sie war alles zusammen, und vor allem war sie von Anfang an Rebellin und Mystikerin zugleich.[1]

Dorothee Sölle steht nicht für eine theologische Denkrichtung im Sinn eines abstrakten Lehrsystems. Alles, was sie als Theologin gedacht und geschrieben hat, ist aus lebendigen Beziehungen und Lebensvollzügen heraus entstanden, hat eine sinnliche und körperliche Dimension, kann nicht getrennt werden von ihrer gelebten und manchmal auch erlittenen Zeitgenossinnenschaft. Sie hat von Gott nicht in statischen Begriffen geredet, sondern in Tätigkeiten: Gott denken, Gott suchen, Gott lieben. Mit dieser Art, Theologie zu treiben – sinnlich, poetisch, kämpferisch –, hat sie bewegt und provoziert. Als emanzipierte Frau hat sie die Männerkirche angegriffen, als überzeugte Sozialistin die etablierten Machthaber in Wirtschaft und Politik. Sie hat aber auch Gott provoziert und sich von ihm provozieren lassen in einer Beziehung der Gegenseitigkeit, die sie mit den Mystikerinnen und Mystikern früherer Zeiten verbindet. Sie war ein so lebendiges Zeugnis einer spannungsvollen Liebe zu Gott und zur Welt, dass sich viele ihrer Freunde an sie erinnern, als wäre sie noch unter ihnen. Für ein entrücktes Denkmal ist sie jedenfalls immer noch nicht tot genug. Im Erinnern an sie geschieht häufig das, was sie selbst mit Wärme und Begeisterung als Erlebnis aus den lateinamerikanischen Basisgemeinden schilderte: dass die Namen der verstorbenen oder gewaltsam zu Tode gekommenen Schwestern und Brüder ausgerufen werden in der Erwartung, dass einige der Anwesenden an ihrer Stelle antworten: »Presente! Ich bin da!« Das Leben und die Praxis derer, die gegangen sind, sollen fortgeführt werden von denen, die noch da sind.

Auf welche Weise aber kann Dorothee Sölle präsent sein? Die schönste Antwort hat ihr Mann Fulbert Steffensky in seinem »Nachwort zu einem Leben«[2] gegeben: »Diese Frau ist mir zu wenig tot, als dass ich nicht weiter mit ihr redete, sie befragte und mit ihr stritte. Sie ist tot und sie lebt. Sie ist verstummt, und viele hören ihre Stimme.«[3] Diese lebendige Auseinandersetzung hat sie wohl gemeint und gewünscht, als sie in ihrem letzten Buch »Mystik und Widerstand« schrieb: »Mit dem Wort ›Mystik‹ versuche ich einen Prozeß zu benennen, in dem ich mich in einem doppelten Sinn befinde: die Entdeckung mystischer Traditionen und ihre Aneignung. Sich etwas zu eigen zu machen bedeutet, es auch er-innern zu können. Wenn ich lese, wie Mystiker gedacht, geträumt, gesprochen und gelebt haben, so wird mir auch das eigene Leben immer mystischer, immer verwunderlicher; es ist, als wüchsen mir andere Ohren, ein drittes Auge, Flügel der Morgenröte. Ich verstehe mich selber besser, weil ich durch diese ›Brüder und Schwestern vom freien Geiste‹ eine Sprache lerne, die mir die eigenen Erfahrungen näherbringt und deutlicher glänzen macht ... Die mystischen Texte zu lesen bedeutet, sich selber, dieses verschüttete Wesen, wiederzuerkennen ... Mein Interesse ist nicht, die Mystiker zu bewundern, sondern mich von ihnen er-innern zu lassen und das Innere Licht täglich so deutlich wie nur möglich zu sehen: Es ist auch in mir versteckt«.[4] Pierre Stutz hat Dorothee später »die kleine Schwester der Mystik« genannt und damit angedeutet, dass sie die Mystik wie die Theologie »demokratisiert«, für viele Menschen verständlich und zugänglich gemacht habe.[5] Und so werden sich viele von ihr an das eigene innere Licht erinnern lassen, doch nicht nur daran: Unauflöslich ist für Dorothee Sölle die mystische Gottesliebe mit dem Verlangen nach einer besseren Welt verbunden. Sie war Avantgarde und Fanal, Symbol- und Identifikationsfigur, sie war eine aufgeklärte und darum politische und kämpferische Frau. Sie hat für das »Politische Nachtgebet« ebenso gestanden wie für die Blockadeaktionen vor Militärstützpunkten. Sie hat Wegzeichen der Hoffnung gesetzt für alle, die aufbrechen wollten in das gelobte Land der Freiheit, Gleichheit und Geschwisterlichkeit und die sich dabei oft genug in der Wüste wiederfanden. Sie hat die Befreiungs- und Emanzipationsprozesse einer unruhigen Generation im Aufbruch in ihrer Widersprüchlichkeit begleitet und dem Widerstand gegen die Strukturen der Gewalt eine spirituelle Dimension verliehen, die über die Erfolge und Niederlagen des Tages hinausreicht. Sie ist ausgezogen aus der Patriarchenkirche und dem Elfenbeinturm der akademischen Theologie und hat neue Lesarten der Bibel unter die Leute gebracht. Wer sie gehört hat bei Kundgebungen und Diskussionen, auf Kirchentagen und Demonstrationen, wird die Entschiedenheit ihrer Rede und die mitreißende Kraft ihrer Worte in Erinnerung haben. Zeugin der Anklage und Anwältin der Befreiung ist sie gewesen, und wer sie in dieser Rolle erlebte, wird weder ihre Plädoyers gegen Männermacht und Bombenlogik vergessen noch ihre Aufrufe zur Solidarität mit den Müttern der Verschwundenen in Chile und den Frauen und Männern der Märtyrerkirche in El Salvador.

Aber sie kann nicht nur als Inbegriff von Frauenpower und charismatischer Militanz wahrgenommen werden, so sehr sie immer wieder diesen Eindruck hinterließ. Vielleicht wäre das, was sie zu sagen hatte, manchen Menschen nähergekommen, wenn sie auch nach außen deutlicher vermittelt hätte, was sie in ihren persönlichen Erinnerungen nicht verschweigt: die Zwiespältigkeit auch der eigenen Existenz zwischen den unterschiedlichen Welten, das Bemühen um ein glaubwürdiges Engagement für Gerechtigkeit und Zukunft, die immer neue Frage nach Gott, seinem Weg und seiner Wahrheit. »Das Schönste an dir ist deine Widersprüchlichkeit«, sagte Fulbert, der sie am

Ende wohl am besten kannte, oft zu ihr, und er fährt fort: »Widersprüchliche Menschen sind durstige Menschen. Es genügt ihnen nicht, der eine Benennbare und in seinen Grenzen Erkennbare zu sein. Es dürstet sie nach mehr, sie sind sich selber nicht genug in der einen Figur, sie beanspruchen das Recht, ein anderer zu sein und zu werden. Und so sind sie in sich selber nie ganz zu Hause. Sie sind schlechte Gesellen in den Vaterländern, in denen sie jeweils wohnen, vaterlandslose Gesellen in sich selber.«[6] Aber gerade daraus ergibt sich das große Thema, der Cantus firmus, der sich durch die Lebensgeschichte der Dorothee Sölle zieht: die Suche und die Sehnsucht nach Heimat und Identität.

Auf der Reise durch die Gesamtheit ihrer Texte kann man sie bei dieser Suchbewegung begleiten und wird dort zugleich mit den Aufbrüchen, Hoffnungen und Träumen, den Enttäuschungen, Zweifeln und Niederlagen, dem Geist des Widerstands einer ganzen Epoche konfrontiert. Die Theologin Dorothee Sölle ist immer untrennbar verbunden gewesen mit der Zeitgenossin Dorothee Sölle, die ernst gemacht hat mit der bekannten Forderung Karl Barths, dass gute Christen jeden Morgen mit der einen Hand die Bibel und mit der anderen Hand die Zeitung aufschlagen müssten. Die Bibel hat sie gelehrt, von Gott zu reden. Die Zeitung hat sie konfrontiert mit der Welt als einem Ort, der immer noch von Gewalt durchzogen und bestimmt ist und an dem sich die Rede von Gott gegen die Gewaltgeschichte zu bewähren hat. Von Dietrich Bonhoeffer hat sie die Aufforderung übernommen, »die großen Ereignisse der Weltgeschichte aus der Perspektive von unten, aus der Sicht der … Leidenden« sehen zu lernen.[7] Die mystische »Achtsamkeit« auf das, was ist, ist schließlich aber auch die Voraussetzung für das Reden von dem, was darin verborgen ist, für die spirituelle Dimension des Alltäglichen und Weltlichen, von Gott hinter und in allen Dingen. Und sie führt am Ende zu der immer noch aktuellen Einsicht der Rosa Luxemburg, dass die erste und entscheidende revolutionäre Tat darin besteht, das laut zu sagen, was ist!

Frömmigkeit und politisches Handeln waren für Dorothee Sölle nicht zu trennen, Nächstenliebe und Solidarität, die personale und die strukturelle Form der Liebe waren für sie die Kraft, die die Welt im Innersten zusammenhält, für die es sich zu leben, zu kämpfen und auch zu leiden lohnte. Sie hat »nie einen religiösen Satz gedacht oder gesagt, den sie nicht auch abgetastet hätte nach seinen politischen Konsequenzen. Aber es gab in ihrem Glauben eine Mitte, die nicht zu verzwecken war«, schreibt Fulbert Steffensky am Ende seines »Nachwort zu einem Leben«: »Kaum etwas liebte sie mehr als das ›sunder warumbe‹ des Meister Eckhart«.[8] Seinen Vers hat sie auch in ihrem letzten Vortrag, zwei Tage vor ihrem Tod, zitiert:

> Die Ros' ist ohn' Warum,
> sie blühet, weil sie blühet,
> sie acht nicht ihrer selbst,
> fragt nicht, ob man sie siehet.

Im Dunkel einer deutschen romantischen Jugend

Man nannte sie Streichhölzchen, Dorothee, das kleine dünne Mädchen, das nicht wachsen wollte. »Ich war sehr lange Kind«, erinnert sie sich, »warum sollte ich da heraus, aus dem Land Ohneangst?« Dem Vater ist das unheimlich: »Sie wächst nicht, Sie wächst nicht!«[1]

Dorothee wird als viertes von fünf Kindern der Eheleute Hans Carl und Hildegard Nipperdey am 30. September 1929 geboren. Sie hat drei ältere Brüder und eine jüngere Schwester. Der Vater ist Jurist, Professor für Arbeitsrecht, später Präsident des Arbeitsgerichtshofes. Er ist selten zu Hause und im Leben seiner Kinder wenig präsent. Die Mutter ist die Erzieherin, die Managerin, der Mittelpunkt der Familie und des großbürgerlichen Haushaltes. Durch die frühe Eheschließung und die Geburt der fünf Kinder hatte sie den Wunsch nach Ausbildung und Beruf aufgeben müssen. Dorothee wird beschließen, dass ihr das nicht passieren wird. Sie ist ihrer Mutter ein Leben lang tief verbunden, aber ihre Lebenskonzepte werden in vieler Hinsicht gegensätzlich bleiben.

Das kleine Mädchen will sowieso eigentlich lieber ein Junge sein. »Meine Mutter sagte, daß Männer es besser haben. Nur in einem Punkt nicht: Sie könnten keine Kinder kriegen. Kinderkriegen fand ich aber nicht so wichtig wie zur See fahren, sich im Urwald einen Weg bahnen und Baumhäuser bewohnen.« Mit zwölf wachsen dem staksigen Mädchen ziemlich winzige, aber unübersehbaren

Hildegard Nipperdey mit Dorothee, dem vierten ihrer fünf Kinder

bare Brüste: »Es war ein Schock ... Ich war zum Mädchen geboren und bestimmt.«[2] Aus dem weiblichen Körper kann sie nicht heraus, aber aus der traditionellen Mädchen- und Frauenrolle. Mit den Puppen wird nicht Hausmütterchen gespielt, sondern auf Abenteuerfahrt gegangen. So ähnlich wird sie es später auch mit ihren vier Kindern machen.

Was geht in einem Mädchen, das keines sein will, in dieser schwierigen Phase vor? »Die Pubertät brachte für mich einen angstbesetzten Einbruch ... Die Angst, den Sinn des Lebens nicht zu finden, ... selbst nicht ganz zu sein, sondern nur halb, die war für mich sehr gegenwärtig.«[3] Es war wie eine Vertreibung aus dem Paradies, das Ausgesetztsein in eine Welt, die kein Ort war für ein Leben ohne Angst.

Es ist das Jahr 1941, das zweite Kriegsjahr, und noch ist von den Schrecken dieses Krieges im Haus der Familie

Nipperdey nicht viel zu spüren. Dorothees Elternhaus steht in einem der vornehmsten Kölner Vororte, im Professorenviertel Marienburg. Dort lebt man in geräumigen Häusern, umgeben von Gärten und Parkanlagen, unter Gleichgestellten und Gleichgesinnten in einer bildungsbürgerlichen, liberalen, wertekonservativen Atmosphäre. Der Vater ist keineswegs ein Freund der Nazis, aber er hat sich mit den Machthabern des »Dritten Reiches« arrangiert. Als Arbeitsrechtler wird er das »Führerprinzip« in der industriellen Arbeitsorganisation befürworten und juristisch absichern. Seiner Karriere in der späteren Bundesrepublik wird das nicht schaden. Als er von kritischen Juristen wegen seiner Verstrickung in das Naziregime angegriffen wird, wird ihn seine Tochter Dorothee verteidigen. In einem Leserbrief, der am 25. September 1985 in der FRANKFURTER RUNDSCHAU erscheint, schreibt sie: »Mein Vater mag an der Blindheit deutscher juristischer Traditionen Anteil gehabt haben, sowohl in seiner Bindung an den Staat wie in seinem Verhältnis zur Arbeiterbewegung … Mein Vater, der nie in der Partei war, hat als deutscher Jurist unter Hitler und danach Traditionen der Rechtsprechung fortgesetzt, die ich für gefährlich halte; ein ›Nazi‹ im weltanschaulichen und politischen Sinn des Wortes war er nicht.« Sie verweist auf den Gegensatz zwischen der Außen- und der Innenwelt der Familie, der in so vielen Familien der deutschen Bildungselite bestanden hat. Eigentlich verachtet man die Nazis, lehnt ihre Rassenideologie, ihren nationalen Größenwahn und ihre Kulturlosigkeit ab. Aber man möchte auch mitgestalten, teilhaben an den Errungenschaften des Reiches, man kann und darf sich und seine Familie nicht durch offenen Widerspruch gefährden. Das Dilemma der bürgerlichen Bildungselite, die sich nicht zur Emigration entschließen kann oder zu ihr gezwungen wird, die sich weder dem heimlichen Widerstand noch der stillen Verweigerung anschließen kann oder will, trifft auch die Familie Nipperdey. Doch man genießt auch die Vorteile einer solchen Existenz, den zu keiner Zeit gefährdeten Lebensstandard, die standesgemäßen Lebens- und Wohnverhältnisse, die Ferien im Berchtesgadener Land, dem bevorzugten Feriendomizil der damaligen Prominenz. Gleichzeitig wird in der Innenwelt der Familie und der vertrauten Freunde anders gedacht und geredet. Man hört heimlich die ausländischen Sender, Thomas Mann ist mit seinen Reden an »Deutsche Hörer« aus dem kalifornischen Exil präsent, man warnt jüdische Freunde und Kollegen, man spricht über Konzentrationslager und Deportation. Die jüdische Mutter eines Freundes der Geschwister wird sechs Wochen lang im Fremdenzimmer unter dem Dach versteckt.

Seltsam widersprüchlich sind die Erinnerungen Dorothee Sölles an die Schrecken dieser Zeit. Sie erzählt kaum etwas über die »Außenwelt«, nichts über die öffentliche Rolle des Vaters, nichts über ihr eigenes »Außenleben« als Jugendliche in den letzten Jahren des Dritten Reiches. Zwar erinnert sie sich an die Jahre, als auch die Nipperdeys vom Krieg eingeholt wurden, als die Bomben auch die bis dahin unberührten Wohnviertel Kölns zerstörten, an Evakuierung, Hunger und Hamsterfahrten, an die jüdische Frau unterm Dach mit ihrem Glasflakon und dem Gift darin, an das Mädchen in der Straßenbahn mit dem gelben Stern. Doch zugleich ist da eine »Innenwelt«, die so anders aussieht und mit dem, was draußen vorgeht, kaum etwas zu tun hat.

Scheinbar völlig unberührt von dem, was »draußen« vorgeht, blüht »drinnen« die »blaue Blume« der Romantik. Man verachtet die Primitivität des Nationalsozialismus, ist aber anfällig für die veredelte Form derselben

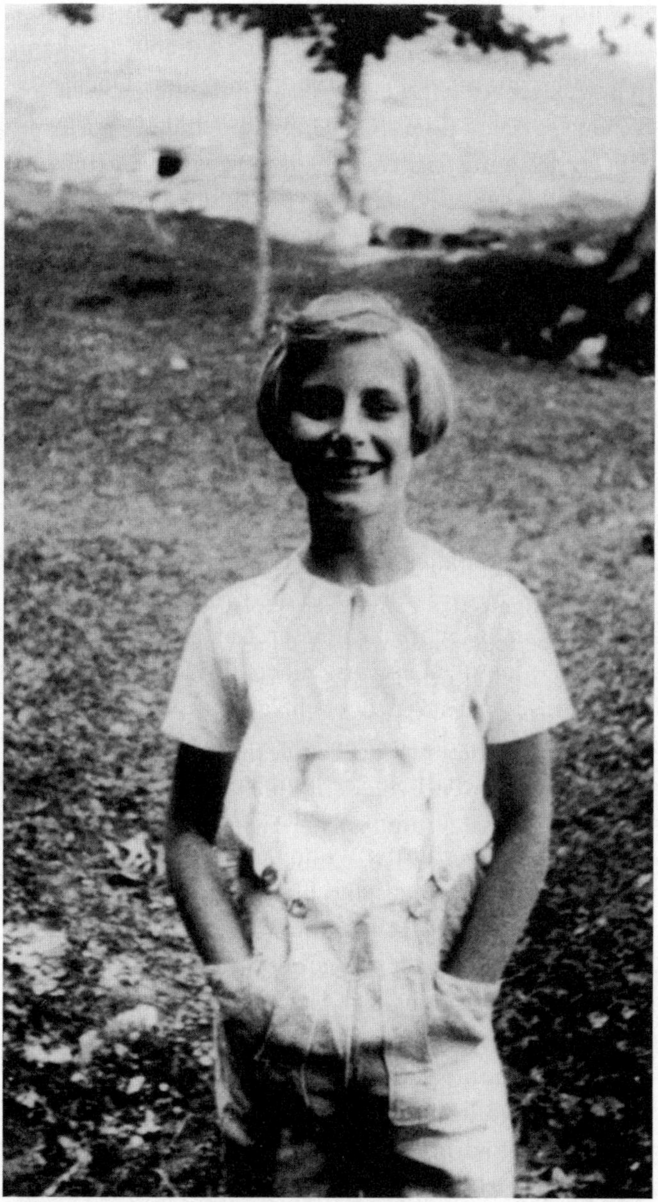

Ein Mädchen, das lieber ein Junge sein will

Ideologie, für den »Mythos Deutschland«, dem die konservative deutsche Bildungselite von jeher zugetan war. In bewusster Ablehnung der Welt der Moderne, weit weg von den sozialen Kämpfen, den Nöten und Herausforderungen der industriellen Arbeitswelt, wird ein romantisches Ideal gepflegt, das sich die nationalsozialistische Propaganda bewusst zunutze macht. Die bildungsbürgerliche Jugend des Dritten Reiches liest Rilke, kennt Teile des »Kornett« auswendig, liebt die Natur und die Gedichte von Eichendorff, liest mit verteilten Rollen aus Otto Gmelins Kultbuch *Konradin reitet*. Für Dorothee und ihre Freundinnen und Freunde wird dieser »Reiter« zum Symbol für ein Lebensgefühl. Die Briefe an alle, die das Codewort kennen, enden mit einem emphatischen »Wir reiten! – Dorothee«. Auf Wanderungen und Fahrten, bei Liederabenden und selbst im Luftschutzkeller wird gesungen, das ganze Repertoire der deutschen Jugendbewegung, alles, was in eine heile Welt entführt, deutsche und nordeuropäische Volkslieder, Mariengesänge, Choräle, kein Swing oder Jazz, nichts Kritisches, nichts Verbotenes, nichts Fremdes. Dabei empfinden die jungen Leute ihren Lebensstil durchaus als Aufstand gegen die »spießige« und »materialistische« Welt der Erwachsenen, auch gegen die zunehmend kritische Einstellung der Eltern und des ältesten Bruders Carl dem »Mythos Deutschland« gegenüber. Im Grund ist es die Weigerung, sich mit der wirklichen Welt auseinanderzusetzen, eine realistische Sicht der Dinge zuzulassen. Und noch gibt es die Fluchtwege: Die Tochter aus gutem Hause spielt mit Hingabe Klavier, Beethoven und Schubert, und tröstet sich mit Hölderlin: »Wo aber Gefahr ist, wächst das Rettende auch.«

In ihren Erinnerungen befragt sie ihr Tagebuch aus jener Zeit: »Geistige Entdeckungen, der Pathétique, der

Matthäus-Passion, des Stundenbuchs von Rilke, des Werther werden gefeiert; die politische Realität des Alltags dringt nur von fern ein ... Ich frage mich, was denn dieses Gespinst aus Freundschaft, Empfindungen, Literatur und Musik, in dem wir lebten und webten, bedeutete – eine Flucht vor der Wirklichkeit? Ein Schutz gegen sie? Ein ›Trost der Welt‹, wie eines unserer Lieblingsgedichte hieß? Wer wäre ich ohne diese Jahre exzessiver Romantik? Inwieweit hat sie mich behütet und einen Schutzraum zum Wachsen hergestellt, inwieweit hat sie mich verführt, die überkommenen Lügen, nur verfeinert, weiterzufühlen und nachzudenken?«[4]

Später hat sie sich konfrontiert mit diesem Tagebuch in ihrer »krakeligen Sütterlinhandschrift«. Das ist nicht leicht gewesen, denn es enthält nicht nur die Wege der »inneren Emigration«, sondern auch die Spuren jugendlicher Verführbarkeit. Und die Erinnerung ist gespalten: »Wir haben immer auf die Befreiung gewartet«, heißt es im politisch korrekten Text, aber im Tagebuch stehen andere Sätze, von der Katastrophe der Niederlage, von der Heimat, die nicht mehr deutsch sein darf, von der Enttäuschung über den verehrten Ernst Wiechert, der mit seiner Rede an die deutsche Jugend im September 1945 zur kritischen Selbstbesinnung aufruft. Die Sechzehnjährige schreibt ihm einen Brief: »Sind wirklich die schuldig, die geglaubt haben? Ist es nicht gerade richtig und natürlich für die Jugend zu glauben, wo andere skeptisch sind; anzubeten, wo die anderen verdammen, sich zu opfern, wo die anderen mit klugen Blicken durchschauen? ... Ich glaubte nicht an die Phrasen, ich habe an Deutschland geglaubt. Und das ist auch der Grund, warum ich so traurig bin. Es steht nichts in Ihren Worten von Deutschland.«[5] Der tragische Untergang Deutschlands findet in ihrem Tagebuch statt, und inmitten darin Dorothee, die Jeanne d'Arc: »Ich lese und lerne Hölderlin, Shakespeare und Sophokles. Ich werde mir eine Rüstung schmieden. Morgen werde ich sie brauchen.«[6]

Schließlich ist da Germaine, die umschwärmte Lehrerin, eine jener jugendbewegten, idealistischen Frauen, die im Nationalsozialismus mit seiner an der Romantik anknüpfenden Rückwärtsutopie, verbunden mit Elementen der Moderne, eine neue Identifikationsmöglichkeit jenseits der konservativen Frauenbilder gesehen haben. Sie hält an ihren Idealen fest, auch vor dem Entnazifizierungsausschuss. »Germaine musste zum Schulamt, eventuell auch wieder vor die Engländer. Das wäre fürchterlich, wenn sie jetzt nicht mehr Lehrerin sein dürfte, weil sie in der Partei und im BDM war. Wofür sie gearbeitet und gekämpft hat, das liegt nun in der Laune eines Engländers. Wie bitter!«[7] Anscheinend hat es kein überzeugendes Gegengewicht zu dieser Lehrerin, die nach ihrer Entlassung aus dem Schuldienst zur Freundin wurde, gegeben. Die Schule vermittelt keine Aufklärung und Aufarbeitung dessen, was geschehen ist, eher Opportunismus und Nichtwissen-Wollen. Da ist Germaine überzeugender – und sie ist die Erste, die das verstörte Mädchen als junge Frau wahrnimmt und ernst nimmt: »Bei ihr habe ich zum ersten Mal das Gefühl von Erwachsensein gehabt.« Die beiden Frauen treffen sich, hören Beethovens Cellosonaten, trinken Kaffee, sprechen über Deutschland und die Zeit, die Liebe und den Sinn des Lebens. Und dann stehen diese Sätze in Dorothees Tagebuch vom 1. November 1945: »Neulich erfuhr ich durch Zufall: Papi ist Vierteljude, politisch verfolgt. Ich war entsetzt, zuerst, es machte mir so Minderwertigkeitsgefühle, ich bin doch zu ›naziverseucht‹ und sehe im Nichtarischen das Unreine, Mindere. Ich denke so oft – zum Beispiel, wenn Germaine so lieb zu mir ist – wenn sie das wüßte! Sicher wäre sie sehr enttäuscht. Ach, das ist ja Unsinn! Sie könnte sich darüber hinwegsetzen. Es ist ja auch nur ein Achtel.«[8]

Dass die »jüdische Großmutter« sorgfältig verborgen und verschwiegen wurde, nimmt nicht wunder und ist verständlich genug. Die Mutter macht ab und zu eine Bemerkung, die die Kinder einfach nur seltsam finden: »Was wäre denn dabei, wenn ihr ein jüdisches Großmütterchen hättet?«[9] Kaum etwas zeigt die Zwiespältigkeit des Existierens in zwei Welten deutlicher als diese unterschiedlichen Äußerungen. Dorothee hat sie selbst so ungeschützt überliefert und ihr Erschrecken über ihre jugendliche Blindheit als Ausgangspunkt für einen lebenslangen Prozess einer persönlichen »Wiedergutmachung« beschrieben, als »einen Aufarbeitungsprozeß, der sich als lebenslänglich herausstellen sollte, geboren aus einem tiefen Gefühl der Scham«.[10]

Aber noch überwiegt das Gefühl, nicht zu den Tätern, sondern zu den Opfern zu gehören, und es wird verstärkt durch die persönliche Katastrophe, die die Familie am Ende des Krieges trifft. Carl, der älteste Bruder, stirbt auf dem Transport, der ihn aus russischer Kriegsgefangenschaft im November 1945 nach Hause bringen sollte. »Als wir das kurz vor Totensonntag 1945 erfuhren, wusste ich, dass es keine Weihnacht und auch keinen ›lieben Gott‹ gäbe.«[11] Die Kinder erleben, dass die Mutter über dem Verlust ihres ersten Kindes fast zerbricht, die lange geschützte und privilegierte Welt der großbürgerlichen Familie bekommt unheilbare Risse. Und für Dorothee, die sich in diesen Nachkriegsjahren auf das Abitur vorbereitet, wird es ein allmähliches und bedrückendes Erwachen geben aus dem »Mythos Deutschland« und »dem trügerischen Nebel eines tragisch-irrationalistischen Deutschtums« – doch nur langsam »lichtete sich das Dunkel einer deutschen, romantischen, bildungsbürgerlichen Jugend«.[12]

Hineingehalten in das Nichts

»Das Leben ist ein Traum. Es ist das Aufwachen, das uns tötet.« Diese Sätze von Virginia Woolf treffen wohl am ehesten die Gefühle der jungen Dorothee in dem langsamen Aufwachen in ein »anfangloses Dunkel hinein«. »Im Zusammenbruch war nicht nur das Dritte Reich zusammengestürzt, sondern auch die Welt, die es nicht aufhalten oder hindern konnte, die Welt des deutschen Bürgertums.«[1] Halt findet sie erst einmal bei Heidegger; seinen Satz »Dasein ist das Hineingehaltensein in das Nichts« schreibt sie auf einen Zettel, der jahrelang auf ihrem Schreibtisch liegt. Noch ist keine Alternative in Sicht und keine wirkliche Erkenntnis, eher ein Fortleben der tragischen Attitüde: »So geht dieses Jahr zu Ende«, schreibt sie Silvester 1946, »und doch weiß und erhoffe ich weder Trost noch Hilfe von dem Kommenden. Wir sind noch nicht in der letzten Tiefe des Abgrunds. Vergraben in meine Bücher, Kleist und die Geschichte der Griechen, schaue ich zuweilen auf und horche: daß die Kriegsgefangenen nicht heimkehren dürfen, daß die Saar nicht mehr deutsch ist, daß die Demontage fortschreitet … Ich gehe meinen Weg weiter, ohne Hoffnung, mit wenig Glauben, etwas müde. Nur die Forderung nach Haltung bleibt immer, alle Tapferkeit ist nötig in unserem ›Geworfensein‹«.[2]

Vom »Geworfensein« spricht man gern in den intellektuellen Kreisen der Nachkriegszeit. Aus dem Nichts heraus sich neu entwerfen, das ist die Parole des Existenzialismus, die Stimme Sartres, die aus Frankreich in das

Dorothee als trotzige Existenzialistin

Kölner Geistesleben herüberweht und einen Kontrapunkt bildet »zu der katholischen Reaktion, jener rheinisch-triumphierenden katholischen Dümmlichkeit, die sich an meiner Mädchenschule breitmachte«: »Ich höre mit Lore einen Vortrag über Sartre: ›Die Freiheit hat mich getroffen wie ein Blitz! Ich bin meine Freiheit!‹ Es ist nichts einfacher dadurch, aber alles bewußter, klarer.«[3] Tatsächlich wird manches einfacher dadurch, nicht aber bewusster und klarer. Die Denker des französischen Existenzialismus bearbeiten mit dem Neuentwurf eher ihr eigenes Trauma, ihre innere Emigration in der Zeit der deutschen Okkupation. Sie bieten auch der deutschen Bildungselite neue Denk- und Identifikationsmöglichkeiten, die sie weitgehend von der Verantwortung für die Katastrophe des Faschismus entlasten und auf Neubeginn programmieren. »Wenn man nicht in das Bürgertum und seine Ambivalenzen zurückwollte, konnte man in meiner Generation innerhalb der Tradition der Mittelklasse nur Nihilist werden«, schreibt Dorothee Sölle später, »Nietzsche, Gottfried Benn, Heidegger, Camus und Sartre waren die Gesprächspartner.« Der christliche Glaube erscheint der Achtzehnjährigen als »ein unerlaubter Ausweg aus dem auszuhaltenden Dunkel«.[4] Stattdessen werden die heroischen Gefühle beschworen, das Nichts, die Freiheit, unterlegt mit dem »Adagio« aus Beethovens »Pathétique« – gibt es einen besseren Schutz vor der Erkenntnis von Irrtum und Versagen, vor der Notwendigkeit, sich mit den Tätern auseinanderzusetzen und mit den Opfern zu konfrontieren?

Dorothee ist hochmütig und verletzlich, besserwisserisch und doch unermüdlich fragend und suchend, ein Schrecken für Lehrerinnen und Pfarrer, die sich mit allzu einfachen Antworten aus der Affäre ziehen. Lange Zeit scheint ihr kein Mensch begegnet zu sein, der ihr ein kritisches, reflektiertes Christentum und eine glaubwürdige christliche Existenz vermittelt hat. Bis eine Lehrerin kommt, mit der ein erster Halt im Dunkel eines romantischen Existenzialismus sichtbar wird: »Die neue Religionslehrerin ist umwerfend gut, leider Christ!«, steht in Dorothees Tagebuch.[5] Marie Veit, die nur wenige Jahre ältere promovierte Theologin, ist nicht nur intellektuelle Diskussionspartnerin, sondern auch eine gute Pädagogin, die die Sturm-und-Drang-Phase der klugen Achtzehnjährigen mit Gelassenheit und Verständnis hinnimmt. Dorothee erinnert sich später mit großem Respekt an sie: »Eine wunderbare Lehrerin, die mir nie mein rotzfreches Geschwätz verbat, mich aber zur Klärung nötigte. Heute denke ich, sie hat meinen Zorn respektiert und meine Arroganz belächelt, sie hat unsere Intelligenz herausgefordert, weil sie Menschen einfach zutraute, daß sie der Erkenntnis und des Gewissens fähig sind.«[6] Marie Veit kommt wie Dorothee aus der Welt des Kölner Bildungsbürgertums, doch sie hat ganz andere Erfahrungen gemacht als ihre Schülerin. Anders als die Nipperdeys konnte oder wollte ihre Familie die »jüdische Großmutter« nicht geheim halten. Marie Veit erzählt rückblickend in ihrem Festvortrag anlässlich ihrer Goldenen Promotion in Marburg: »Ich selbst bin Achteljüdin, unser Vater wurde als Vierteljude aus seiner Professur für Anatomie vertrieben, und ich erlebte mit, wie Kollegen ihn mieden, auf die andere Straßenseite gingen, wenn wir kamen, und wie meine Klassenkameradinnen seit seiner Entlassung nicht mehr den gleichen Schulweg hatten, sondern mich allein gehen ließen. Das vergisst man nicht, wenn man es als junger Mensch erlebt hat. Aber in der Kirche, in der Bekennenden Gemeinde, zu der wir uns hielten, galten wir voll. Mein Vater saß in Köln im Bruderrat; mit dem Roten Pfarrer von Köln, Pfarrer Fritze, verband ihn, den alten Deutschnationalen, bald eine herzliche Freundschaft, Widerstand und Hoffnung!«[7] In den Gottesdiensten der Bekennenden Kirche erlebt Marie Veit zum ersten Mal »zivilen Ungehorsam«, und in diesem Zusammenhang wird auch die Bibel anders erlebt als in den angepassten Gemeinden, als ein Buch voller »Hoffnungsperspektiven«: »Es war der Atem der Zukunft, der mich anwehte, der wie nichts anderes zu diesem Buch gehört ... Bibel und Kirche – Atem der Zukunft. Viel später erfuhr ich, wie Rudolf Bultmann gefragt wurde, ob er ganz kurz und einfach sagen könnte, was ›Gott‹ sei. ›O ja‹, erwiderte er, ›Gott ist meine Zukunft‹ ... Mir war sofort klar: so ist es.«[8] 1946 promoviert sie bei Rudolf Bultmann und wird, nach einer langen Anhörung durch die Kirchenleitung der Rheinischen Landeskirche, als Religionslehrerin in Köln eingesetzt. Und ohne sie wäre Dorothee Sölle »nie zur Theologie gekommen.« Mit Marie Veit lernt sie ein offenes, kritisches, widerständiges Christentum kennen. Die neue Religionslehrerin geht Heidegger und Sartre nicht aus dem Weg, aber sie führt als neue »Gesprächspartner« Paulus und Luther, Bonhoeffer und Bultmann ein. Sie macht mit einer anderen kirchlichen Tradition, mit Christen aus den bekennenden Gemeinden bekannt. Sie vermittelt aus eigener Erfahrung die Sicht der Opfer im Land der Täter und das Erbe des Widerstands.

Marie Veit hilft Dorothee Sölle, den Perspektivenwechsel zu vollziehen, die Geschichte der vergangenen Jahre aus der Sicht der Opfer wahrzunehmen. Doch das macht das Leben nicht leichter. Das Aufwachen in ein existenzialistisches dunkles »Geworfensein« war einfacher als die Wahrnehmung der unüberbietbaren Verbrechen gegen die Menschlichkeit, die am Ende auch zur deutschen Katastrophe geführt hatten und ihr vorangegangen waren. Mit deutlicher Verzögerung, dann aber umso heftiger, nimmt Dorothee wahr, in welchen Schuldzusammenhang sie selber verstrickt ist: »Ich gehöre dem gleichen Jahrgang an wie Anne Frank. Zwanzig Jahre war ich alt, als ich ihr Tagebuch gelesen habe; damals, 1950, als die erste deutsche Ausgabe erschien, war sie schon fünf Jahre tot.«[9] Anne Frank, das jüdische Mädchen aus Deutschland, das mit ihrer Familie nach Holland flieht und dort in einem Hinterhaus in Amsterdam versteckt den Holocaust zu überleben versucht, wird im Nachhinein zu Dorothees Zeitgenossin von der »anderen Seite«, zu der Freundin, die das Grauen nicht überlebte. Die Schwierigkeiten und Einsamkeiten der Pubertät verbindet die beiden: »Anne hatte genau beschrieben, was ich auch erlebt hatte: ›Jeder findet mich übertrieben, wenn ich nur den Mund auftue, lächerlich, wenn ich still bin, frech, wenn ich eine Antwort gebe ... Den ganzen Tag höre ich nur, daß ich ein unausstehliches Geschöpf sei, und wenn ich auch darüber lache und so tue, als wenn ich mir nichts daraus machte, ist es mir wirklich nicht gleichgültig.‹ Waren meine Erfahrungen nicht ähnlich gewesen?«[10] Doch gleichzeitig kommt das Erschrecken über die Ungleichheit der Lebenswelten: »Die Geschichte der Anne Frank ist ja die exemplarische Geschichte eines der Opfer; sie erzählt, was ›Untertauchen‹ bedeutet und wie Menschen versuchten, der Verfolgung zu entkommen.«[11] Und das ist noch nicht das Ende des Schreckens: »Die Maschine des Todes, der sie ausgeliefert wurde, ist ja die, die mein Volk vorgedacht und ersonnen, gebaut, geölt und bedient hat, bis zum bitteren Ende. An einer Stelle, die ich in meinem zerlesenen Tagebuch angestrichen hatte, schreibt sie: ›Welch ein Volk, diese Deutschen! Und dazu gehörte ich auch einmal. Nun hat Hitler uns schon lange staatenlos erklärt. Und eine größere Feindschaft als zwischen *diesen* Deutschen und den Juden gibt es nicht auf der Welt‹ ... Wie oft habe ich mir gewünscht, daß Hitler mich auch ›staatenlos‹ gemacht hätte!«[12]

Kaum etwas beschreibt die Dramatik des Aufwachens besser als dieser letzte Satz. Dorothee ist sehr heimatverbunden gewesen, in romantischer Schwärmerei der deutschen Kultur und der Natur der Heimat zugewandt, stolz auf ihr Deutschsein. All das bricht jäh zusammen, als die Bilder von Auschwitz in ihr Bewusstsein treten, die Reihen der nackten Frauen, manche mit einem Kind auf dem Arm, auf dem Weg in die Gaskammer, die Berge von Brillen, Koffern und Kinderschuhen in den Asservatenkammern der Mörder. Das Land, das einmal Heimat war, wird zu einem Ort der Heimatlosigkeit, und der Stolz wird zur »unauslöschlichen Scham: zu diesem Volk zu gehören, diese Sprache der KZ-Wächter zu sprechen, diese Lieder, die auch in der Hitlerjugend und im BDM gesungen wurde, zu singen. Diese Scham verjährt nicht, ja, sie muss lebendig bleiben.«[13] Über diese Scham hilft kein existenzialistischer Nihilismus hinweg, er ist »kein Ort zum Bleiben und Wohnen«[14] in der großen Heimatlosigkeit, die sich aufgetan hatte. Das trotzig-tragische Hineingehaltensein in das Nichts endet, als die Identifikation mit den Opfern beginnt. »Ich brauche diese Scham über mein Volk, und ich will nichts vergessen, weil die Vergeßlichkeit die Illusion nährt, es wäre möglich, ein Mensch zu werden auch ohne die Toten. In Wirklichkeit brauchen wir ihre Hilfe. Ich habe meine Freundin Anne Frank sehr gebraucht.«[15]

Auf der Suche nach einer neuen Heimat

Wo findet man Heimat, wenn einem »Elternhaus« und »Vaterland« fremd geworden sind? Wo sind die Alternativen, wenn der existenzielle Nihilismus kein Ort zum Bleiben und Wohnen ist? »1949 begann ich, klassische Philologie zu studieren, immer noch im Bannkreis der Kultur, die mich so fasziniert hatte. Ich machte mich auf, das Land der Griechen mit der Seele zu suchen. Und fand dort, im Studium, nicht mehr, als die klassische Philologie zu bieten hatte. Das war zum Leben zu wenig. Der Nihilismus jener Jahre hatte mich hungrig gemacht. Aus einer Krise erwachend, fing ich endlich an, andere Formen des Lebens zu suchen. Ich studierte Theologie, um ›die Wahrheit herauszubekommen‹. Man hatte sie mir lange genug vorenthalten. Langsam nistete sich ein radikales Christentum in mir ein.«[1] Auf dem Weg zur Theologie begegnet ihr Kierkegaard, der mit einem existenzialistischen Christentum die Brücke bildet zum Neuland Theologie: »Ich versuchte, den ›Sprung‹, wie Kierkegaard es nannte, zu wagen, in die Leidenschaft für das Unbedingte, in das Reich Gottes. Ich fing damals an, Christin zu werden.«[2]

Das ist ein Gegenprogramm zur kirchlichen und gesellschaftlichen Realität, die die Studentin zunehmend kritisch wahrnimmt. In der zu dieser Zeit entstehenden Bundesrepublik Deutschland gibt es keine Zeit für Reue und Umkehr, keinen wirklichen Neubeginn. Die Menschen sind mit dem Wiederaufbau des zertrümmerten Landes beschäftigt und wollen dabei nicht zurückblicken. Die Kirchen beginnen mit der Restauration ihrer Strukturen und Kirchtürme. Das liberale Bürgertum, das den Faschismus nicht verhindern konnte oder wollte, glaubt, dort weitermachen zu können, wo man 1933 aufgehört hatte. »Wie konnten Eltern und Lehrer annehmen, daß die bürgerliche Kultur, die doch in Auschwitz definitiv ihr Ende gefunden hatte, durch Wiederaufbau, Wiedererziehung, Wiederherstellung der alten Eigentumsverhältnisse, Wiederaufrüstung und was es noch alles an Wieders gab, gerettet werden könnte? ... Wie konnten sie hoffen, ›wieder‹ anzuknüpfen ohne einen radikalen Schnitt?«[3] Später wird sie diese Frage auch an die Theologie stellen – nach Auschwitz kann man nicht mehr in der gleichen Weise von Gott reden.

Doch zunächst einmal ist Dorothee fragende, suchende Zeitgenossin, die sich auch ihres eigenen Standortes bewusst werden muss. Die Vertreter der neuen Republik betreiben mit Entschiedenheit die Eingliederung Westdeutschlands in das westliche Bündnis. Damit wird bald eine Wiedervereinigung Deutschlands in Unabhängigkeit und Neutralität zwischen den Blöcken der »Supermächte« in Ost und West unmöglich. Dafür wird zum Beginn der 50er-Jahre ein Programm der Wiederbewaffnung gegen den heftigen Widerstand vieler Menschen, die sich ein neues Deutschland anders vorgestellt hatten, durchgesetzt. Eine erste Friedensbewegung entsteht und geht für ihre Ziele auf die Straße, linke und liberale Bürgerrechtler, Sozialisten und Kommunisten – deren Partei bald darauf verboten wird – und nicht zuletzt die widerständigen Kreise aus der Bekennenden Kirche. Diese sammeln sich in den 50er-Jahren um die von Gustav Heinemann gegründete kleine pazifistische »Gesamtdeutsche Volkspartei«, die die Wiederbewaffnung der Bundesrepublik und die Eingliederung in das westliche Militärbündnis ablehnt. »Nie wieder Faschismus« und »Nie wieder Krieg« ist die alle verbindende Botschaft dieser frühen Friedensbewegung, die am Ende dieses Jahrzehnts in die Ostermarschbewegung gegen atomare Bewaffnung übergeht. Martin Niemöller, wie Gustav Heinemann führender Kopf der Bekennenden Kirche, wird zu einem ihrer wichtigsten Sprecher. Bei den Aufrufen zum Ostermarsch finden sich auch die Namen von Überlebenden aus der deutschen Widerstandsbewegung und der Angehörigen der von der Nazi-Justiz Ermordeten. Sie müssen die bittere Erfahrung machen, dass sie auch im Nachkriegsdeutschland in Kirche und Gesellschaft ausgegrenzt bleiben. Sie sind das schlechte Gewissen einer Nation, die sich in der Wohlstandsgesellschaft einrichtet und nichts wissen will von der Vergangenheit und von neuen Wegen in die Zukunft.

Für Dorothee und viele andere ihrer Generation werden die lebenden und die toten Zeugen des Widerstands zu entscheidenden Wegbegleitern, zu Schutzheiligen in einer fremd gewordenen Heimat. Wie hätte man hier weiterleben können ohne Sophie Scholl und Dietrich Bonhoeffer? Zu Beginn der 50er-Jahre erscheint das kleine Büchlein von Inge Scholl über ihre Geschwister und die anderen Mitglieder der studentischen Widerstandsgruppe »Weiße Rose«. Viele Jahre später wird Dorothee in ihrem Vorwort für die amerikanische Ausgabe schreiben, dass diese Menschen gestorben sind, damit sie in ihrem Land überhaupt eine Lebensmöglichkeit für sich finden konnte.[4] Auch der Name von Inge Scholl steht unter den Aufrufen zum Ostermarsch; Menschen wie sie haben Dorothee in eine widerständige politische Existenz begleitet. Sie wird bald die »Gesamtdeutsche

Volkspartei« unterstützen und an Ostermärschen und Friedenskundgebungen teilnehmen. In einem Land der Fremde entsteht eine kleine Szene, die anders denkt und lebt, ein Stück Heimat inmitten einer Gesellschaft, die sich wirtschaftlich dynamisch entwickelt, aber im Blick auf die Leiden der Opfer apathisch bleibt. Volker von Törne, der junge Berliner Lyriker und Mitbegründer der »Aktion Sühnezeichen«, beschreibt die Verdrängungsmechanismen dieser Gesellschaft in einem kurzen und verstörenden Text:

> Die Juden sind unser Unglück
> Das haben wir immer gesagt
> Das hat keiner gewusst[5]

Dorothee will alles wissen: Was ist geschehen, und warum konnte es geschehen? Neben den Widerständlern kommen die Opfer in den Blick, die Überlebenden der Konzentrationslager, die heimkehrenden Emigranten, und damit beginnt die endgültige Abkehr von einem nihilistischen Existenzialismus, der unablässig um sich selbst kreist, hin zu einem existenzialistischen Christentum, das dazu auffordert, den »Zuschauerstandpunkt zu verlassen«, die Apathie des »Nichts-sehen-«, »Nichts-hören-«, »Nichts-sagen«-Wollen aufzugeben: »Durch Apathie verliert man seine Seele!«[6] Am Ende dieser Entwicklung und Auseinandersetzung steht »das Gesicht eines Menschen, eines zu Tode Gefolterten vor zweitausend Jahren, der nicht Nihilist geworden war«[7]: Christus, das Urbild von Leidenschaft und Hingabe.

Nach zwei Semestern Studium der Klassischen Philologie in Köln und Freiburg wechselt Dorothee die Studien- und Lebensrichtung. Sie beginnt, in Göttingen Theologie und Literaturwissenschaft zu studieren. Vier

Jahre später schließt sie mit einer literaturwissenschaftlichen Dissertation über die »Struktur der Nachtwachen des Bonaventura« ab. Mit dem Studium ist nicht eigentlich ein Berufsziel verbunden – es steht eher unter dem Motto der Wahrheitssuche. Der wichtigste literarische Begleiter wird Kierkegaard, an dem sie »die äußerste Arroganz und die innere Demut seines Stils« fasziniert: »Kierkegaard war ... ein Prediger in einer säkularisierten Gesellschaft, der den christlichen Glauben erläuterte und verteidigte; ein absurdes Unternehmen für das verbürgerlichte Christentum ebenso wie für die geschäftstüchtige Welt.«[8] Wie gut passt das in die geistige Landschaft der aufstrebenden Bundesrepublik! »In der Geistlosigkeit ist keine Angst, dafür ist sie zu glücklich und zufrieden, und zu geistlos«, ist einer der Spitzensätze, die Dorothee an Kierkegaard bewundert, und auch »›Gottes zu bedürfen ist des Menschen größte Vollkommenheit‹ ... Was Kierkegaard mich lehrte, war, daß es ohne Angsterfahrung und -annahme keine Menschwerdung gibt.« Wer die Angst nicht wahrhaben will, »hält sich weiter an Bomben und Aktien«.[9] Der wichtigste Lehrer der Göttinger Studienzeit wird Friedrich Gogarten, auch er ein Gelehrter zwischen Arroganz und Demut. Von ihm ist das erste selbstgekaufte theologische Buch, »Die Verkündigung Jesu Christi«: »Es war in einer eigenwilligen Sprache geschrieben und drückte einen Grundsatz der Theologie aus, den ich geradezu aufsog: Wir können über Gott und Christus ›richtig nur in unserer eigenen, nicht in einer überkommenen Sprache sprechen, wie von allem, was zu unserm eigenen Leben gehört und in ihm eine Wirklichkeit ist‹.«[10] Sie ist für ihn die ideale Studentin; auf sie passt seine oft geäußerte Ansicht, dass »ein *artiges* Kind gerade jenes sei, das keine ›Art‹ habe; nur ein unartiges habe seine eigene Art – und die sei unersetzlich und brachte ein Stück Frechheit mit«.[11] Zum Abschied schenkt Gogarten seiner Studentin der eigenen Art eine seiner Pfeifen.

Für Dorothee wird in diesen Jahren wohl die Theologie zu einer geistigen Heimat, aber nicht die Kirche. Es ist ein wenig traditionelles, unkirchliches, existenzialistisches Christentum, in dem sie sich einzurichten versucht. Und irgendwo in dieser Szene zwischen Kunst und Literatur, Religion und Politik, in der man nach neuen Werten, Wegen und Lebensweisen sucht, finden Dorothee Nipperdey, die »Tochter aus gutem Hause«, und Dieter Sölle zusammen, der junge Maler mit den wunderbaren abstrakten Bildern und wenig Geld. In Dorothees Kreisen würde man sagen, er kommt »aus kleinen Verhältnissen«. Ein wenig ist er wohl auch Teil eines Gegenprogramms zur großbürgerlichen Herkunft, auf jeden Fall aber ist man der Überzeugung, dass die Liebe die Grenzen zwischen unterschiedlichen Lebenswelten überwindet, wenn sie nur stark genug ist. Was sie darüber hinaus verbindet, ist in einem Satz zusammengefasst: »Wir sind zusammen Christen geworden.« Aus unterschiedlichen Kreisen und Schichten kommend, teilen sie doch die tiefe Sinnkrise nach dem Zusammenbruch einer romantisch-verklärten deutschen Jugendwelt und die Suche nach neuem Lebenssinn, »verlorene Kinder«, die sich gegenseitig Wärme und Halt geben. Dieter Sölle ist Dorothees erste große Liebe, sie gehört zu den jungen Frauen, die sich vor unverbindlichen Liebschaften hüten, mit dem Wunsch, auf den »Einen und Einzigen« zu warten.[12] Es ist ein romantisches Ideal von Liebe und Ehe, und so sieht die Braut auch aus: sehr jung und ganz in Weiß, eine schöne, reine, jungfräuliche Erscheinung, wie ein letzter Tribut an die untergegangene Welt der großen romantischen Gefühle. Die junge Mutter sieht dagegen schon

Sehr jung und ganz in Weiß heiratet Dorothee ihren ersten Mann Dieter Sölle

sehr modern und emanzipiert aus, sie ist eine der ersten Frauen ihrer Generation, die Beruf und Familie miteinander verbinden muss und will. Zunächst wohnen die Sölles in einer kleinen eigenen Wohnung, später zieht man in das große Haus der Eltern. Dort wachsen auch die drei gemeinsamen Kinder auf: Martin, geboren 1956, Michaela, geboren 1957, und Caroline, geboren 1961. Es sind vor allem die Kinder, die Dorothee wieder auf der Erde beheimaten: »Das wirkliche Erwachsenwerden, die Einwurzelung ins Leben, hat für mich … erst angefangen, als ich selbst ein Kind hatte.«[13] Erst jetzt endet die Zeit der Suche, des Wanderns, des Wartens, die Unruhe des Jungseins, die Romantik der Entwicklungsjahre.

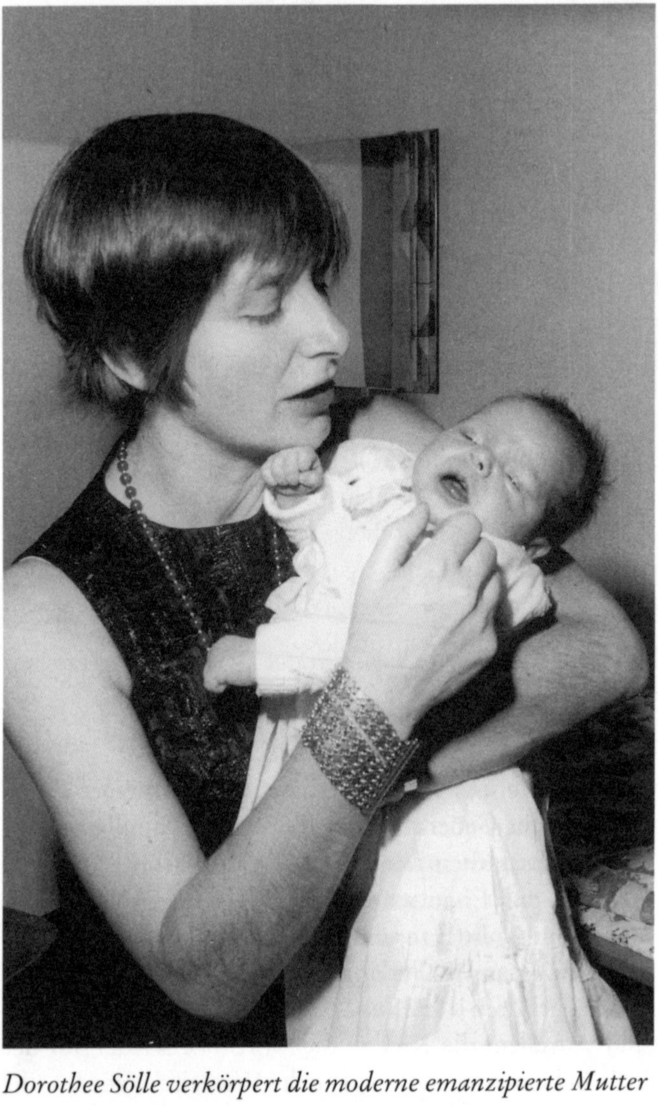

Dorothee Sölle verkörpert die moderne emanzipierte Mutter

Auch in ihrer Arbeit fühlt sich Dorothee zu Hause. Auf den Spuren der verehrten Lehrerin Marie Veit unterrichtet sie Religion an einem Kölner Mädchengymnasium. Sie hat in ihrem Fach eine erstaunliche Gestaltungsfreiheit, und sie macht ihre Schülerinnen mit Themen und Texten bekannt, die im Geschichts- und Deutschunterricht eher umgangen werden. Bei ihr erfährt man etwas über das »Dritte Reich«, den Holocaust, den Widerstand. Bei ihr lernt man die Stücke des zu dieser Zeit im Westen noch verfemten Bertolt Brecht kennen, und sie beleuchtet traditionelle Themen der Theologie von unterschiedlichen Seiten, zum Beispiel aus der Sicht des jüdischen Religionsphilosophen Martin Buber. Ab 1960 bekommt sie die Gelegenheit, für den Rundfunk und verschiedene Zeitungen zu theologischen und literarischen Themen zu schreiben, und ist damit eigentlich erst einmal am Ziel ihrer Wünsche – da bricht plötzlich mit der Trennung von Dieter Sölle eine Welt für sie zusammen. Für Dorothee, die auch in Dingen der Liebe und Freundschaft sehr absolut dachte, ist das Zerbrechen der Ehe eine Katastrophe. Es war wohl doch eine Beziehung, die für einen bestimmten Lebensabschnitt passte und dann nicht mehr. In den frühen 60er-Jahren kannte man den Begriff der »Lebensabschnittspartnerschaft« noch nicht. Scheidung bedeutet das Ende eines ganzen Lebensentwurfs. Die sehnsüchtig gesuchte und scheinbar gefundene Heimat war ein weiteres Mal verlorengegangen.

Ein Kapitel Theologie nach dem Tode Gottes

Wie geht es weiter, wenn die Frage nach Heimat und Identität neu gestellt und beantwortet werden muss? Was bewahrt einen vor der Angst, wieder auseinanderzufallen, niemals »ganz« zu werden? Doch wie so oft ist auch diese Krise am Ende der Beginn eines neuen Lebensabschnitts und die Eröffnung eines neuen Weges trotz mancher Schwierigkeiten und Zerreißproben. Die bestehen zunächst einmal in dem immer schwierigeren Spagat, der eine alleinerziehende berufstätige Mutter mit drei Kindern innerlich und äußerlich zerreißen kann. Zwar erleichtern Mutter und Schwiegermutter die Organisation des Haushaltes und der Kindererziehung, von Zeit zu Zeit ist ein Au-pair-Mädchen zur Stelle, glücklich sind diese Lösungen aber alle nicht. Immer wieder reagiert eines der Kinder mit Fieberattacken auf das Weggehen der Mutter, eine Tochter antwortet auf die Frage, was sie einmal werde wolle: »Ich werde überhaupt nichts. Ich werde eine Mutter!«[1] Trotz solcher schmerzhafter Augenblicke hält Dorothee Sölle an ihrer Entscheidung fest: »Ich habe mich mein ganzes bewußtes Leben dagegen gewehrt, mir Schuldgefühle wegen meiner Verbindung von Beruf und den Aufgaben in der Familie machen zu lassen … Für mich verstand sich von selbst: Ich wollte Kinder haben, in einer partnerschaftlichen Beziehung leben und einen Beruf ausüben.«[2] Die Mutter, die sich in ihrer Jugend anders entscheiden musste, unterstützt ihre Tochter in vielfacher

Weise, aber sie macht ihr auch Vorwürfe: Du kannst im Leben nicht alles haben! Es bleibt ein lebenslanger Konflikt.

Dass aber Dorothee überhaupt dieses Leben führen kann, ist bei allen Schwierigkeiten doch auch ein Privileg. Inzwischen kann sie es sich leisten, freiberuflich tätig zu sein; für zwei Jahre bekommt sie außerdem eine Stelle als Assistentin am Philosophischen Institut der TU Aachen, wird dann für einige Jahre Studienrätin im Hochschuldienst am Germanistischen Institut der Universität Köln. Immer mehr kann sie das tun, was ihr am meisten Freude macht: schreiben, diskutieren, lehren. In dieser Freiheit einigermaßen angenehm ohne einen Mann zu leben, der für den finanziellen Rückhalt sorgt, in geräumigen Wohnungen, ohne die drückende Sorge, wo das Geld für die nächste Monatsmiete herkommen soll, das geht nur, wenn man auf eigenen Besitz zurückgreifen kann. Es ist eben leichter, unabhängig zu sein, wenn Geld da ist, sagt ihre Tochter Mirjam rückblickend auf das Leben ihrer Mutter. Und sie erinnert sich an eine Mutter, die trotz ihrer Arbeit und ihres Engagements ein ungeheuer zugewandter Familienmensch ist, für die Kinder wenig, aber »qualifizierte Zeit« hat, die »Besonderheit des Augenblicks« zelebriert: den gemeinsamen Spaziergang, die Vorlesestunde bei Kerzenlicht.[3] Ihre Kochkünste sind allerdings berüchtigt, nicht nur in der Erinnerung der Kinder.

Später hat Dorothee erlebt, dass sich Frauen in solchen Situationen zu Lebens- und Wohngemeinschaften zusammentun, und sie hat bedauert, dass dies zu ihrer Zeit noch nicht denkbar war – eine in Scheidung lebende Frau empfand sich selbst als nicht gesellschaftsfähig. »Ich habe wirklich Jahre dazu gebraucht, beim Kinderarzt ganz schlicht und ruhig zu sagen: Mein Mann und ich leben getrennt, ich bin für die Kinder verantwortlich, bitte schrei-

Dorothee Sölle in den späten Sechzigerjahren

ben Sie meinen Namen auf die Rechnung, ich bezahle sie auch. So viel Selbstbewußtsein zu entwickeln ... in einer Gesellschaft, in der man sich für das Mißlingen einer Ehe schuldig fühlt, das fiel mir sehr schwer.«[4] Noch fühlt sie sich unvollständig ohne einen männlichen Partner, geht eine vorübergehende Beziehung zu einem verheirateten Mann ein, um sich irgendwo »unterzustellen«, hofft lange auf eine Rückkehr des Ehemannes, bis dieser eine neue Ehe eingeht und damit die Trennung endgültig wird. In dieser dramatischen Phase schreibt sie ihr erstes theologisches Buch »Stellvertretung« als einen Versuch der Selbstklärung und Krisenbewältigung. Dass es in einen lebensgeschichtlichen Kontext gehört, wird durch den Ort der Entstehung unmittelbar deutlich. Diese Einbettung in den persönlichen und gesellschaftlichen Lebensvollzug wird zum Erkennungszeichen ihrer theologischen Arbeit, die nicht ein Wissen dokumentieren soll, sondern einen Denk- und Lebensprozess.

Der Untertitel lautet: »Ein Kapitel Theologie nach dem ›Tode Gottes‹«, der zunächst von den theologischen Verlagen abgelehnt wird. Erst der Kreuz-Verlag traut sich diesen provozierenden Titel zu, der die Verfasserin schlagartig berühmt macht. Doch es geht Dorothee Sölle nicht um Provokation, sondern um das alte Thema Heimat und Identität. In den einleitenden Sätzen heißt es:

»Dieses Buch geht von der Frage aus, wie ein Mensch mit sich selber identisch werden könne, und es versucht, sie in Beziehung zu setzen zu der anderen, was Christus für unser Leben bedeute.

Wer bin ich? Wie komme ich zu mir selber? Wie lebe ich so, daß ich es bin, der dieses Leben lebt? So fragt nicht nur die um sich selbst bekümmerte Subjektivität, sondern der Mensch in der Gesellschaft, die ihn bindet und formt, beschädigt und entstellt. Geblendet von den Rückschritten der Aufklärung in diesem Jahrhundert, jenem ungeheuren Rückgang in die selbstverschuldete Unmündigkeit, betroffen von den immer neuen und sich vervielfältigenden Formen der Versagung jeder möglichen Identität, geängstet von den Neurosen, mit denen Zivilisation sich erkauft und nicht hält, was sie verspricht: Humanisierung – fragen wir nach einer Welt, in der es vielleicht einfacher sein möchte, mit sich identisch zu werden. Aber jede Vision einer heimatlicheren Erde muß sich messen an der größten der Visionen, die wir kennen: am Reich Gottes.«[5]

Das Studium der Theologie und die Kirche haben nicht wirklich gehalten, was sich diese Heimatsucherin verspricht. Zwar hatte ihr Friedrich Gogarten eine neue Sprache ermöglicht, und Rudolf Bultmann hatte mit seinem theologischen Programm der Entmythologisierung neue, existenzielle Zugänge zur biblischen Botschaft eröffnet. Die Dimension der politischen und sozialen Existenz blieb dabei jedoch weitgehend unberücksichtigt. Noch weniger konnte die immer noch in der Restauration befangene Kirche eine Heimat sein für Menschen, die nach neuer Identität und Gewissheit suchten. Hier galt wohl am ehesten die vorausschauende Kritik Dietrich Bonhoeffers: »Jeder Versuch, ihr vorzeitig zu neuer organisatorischer Machtentfaltung zu verhelfen, wird nur eine Verzögerung ihrer Umkehr und Läuterung sein.«[6] Die von Bonhoeffer angemahnte Umkehr und Läuterung, die Konfrontation mit dem eigenen Versagen gegenüber der Nazidiktatur war ebenso wenig eingelöst worden wie seine Forderung, »Kirche für andere zu sein«, »an den weltlichen Aufgaben des menschlichen Gemeinschaftslebens teil(zu)nehmen, nicht herrschend, sondern helfend und dienend«.[7] Dorothee Sölle erinnert sich später: »Mich persönlich hat weder die Kirche, die ich eher als Stiefmutter erlebte, noch das geistige Abenteuer einer nachaufklärerischen Theologie zu dem lebenslangen Versuch, Gott zu denken, verlockt ... Es ist das mystische Element, das mich nicht losläßt. Es ist ... die Gottesliebe, die ich leben, verstehen und verbreiten will. Sie scheint mir in den beiden genannten Institutionen wenig gefragt; was innerhalb der evangelischen Theologie und Predigt ›Evangelium‹ genannt wird, artikuliert bestenfalls, daß Gott *uns* liebt, beschützt, neu macht, errettet. Daß dieser Vorgang nur dann real erfahrbar ist, wenn diese Liebe ... gegenseitig ist, ist selten zu hören. Daß Menschen Gott lieben, beschützen, neu machen und erretten, klingt den meisten größenwahnsinnig oder gar verrückt. Es ist aber gerade diese Verrücktheit der Liebe, von der die Mystiker leben.«[8]

Für eine wachsende Zahl von Menschen – das hatte bereits Bonhoeffer konstatiert – konnte die Kirche in ihrer traditionellen Form die Erfahrung der Nichtexistenz Gottes nicht beseitigen. Für Sölle verschärft sich diese Erfahrung der Abwesenheit Gottes in dramatischer Weise: Wie kann man nach Auschwitz von einem Gott reden, »der alles so herrlich regieret«? Es bleibt seitdem die »Erfahrung vom Ende einer objektiven, allgemeinen, oder auch subjektiven, privaten, jedenfalls aber unmittelbaren Gewißheit«, theologisch gesprochen: Es bleibt die Erfahrung vom »Tode Gottes«.[9] Diese Erfahrung kann nur dadurch aufgehoben werden, dass Christus diese Leerstelle besetzt: als Stellvertreter Gottes vor den Menschen und als Stellvertreter der Menschen vor Gott. In dieser Beziehung der Gegenseitigkeit wird aber Gott in Christus auch in seiner Ohnmacht erlebt, der die Hilfe von Menschen braucht, um erkennbar zu werden. »Christen stehen bei Gott in *seinem* Leiden – *das* unterscheidet Christen von Heiden«, hatte bereits Bonhoeffer in einem Brief aus dem Gefängnis geschrieben.[10] Mit Dietrich Bonhoeffer beginnt Dorothee Sölle in der »Stellvertretung« einen lebenslangen theologischen Dialog.

In einem späteren Kommentar zu diesem ersten »Kapitel Theologie nach dem ›Tode Gottes‹« schreibt sie: »Die Antworten, die hier gesucht werden, hängen mit Jesus von Nazareth zusammen, dem ›Menschen-für-andere‹, wie Bonhoeffer ihn genannt hat. Damit vollziehe ich die ›christologische Reduktion‹, die für die Theologie unseres Jahrhunderts charakteristisch ist. Nicht mehr kann Gott als Gewißheit des Herzens, als sozial repräsentiert in der Kirche vorausgesetzt werden ... Wir fangen vielmehr am gottlosen Nullpunkt, den die entwickelte bürgerliche Gesellschaft darstellt, an und nehmen wahr, daß Einer, der uns in vielen Brüdern und Schwestern begegnet, anders lebte als wir: Jesus, der mir verständliche und doch entfernte Bruder, mit dem ich mich ohne eine unvermittelte Gottesnaivität auf den Weg machen kann ... Wenn es für mich eine theologisch-politische Kontinuität gibt, dann liegt sie in diesem Anfang bei dem Machtlosen, dem Leidenden und dem Hiesigen. Es ist klar, daß aus diesem Ansatz nicht gerade eine Siegerchristologie entstehen kann. Nicht: er hat's geschafft, darum auch wir, sondern: er wird gekreuzigt, jeden Tag. Mit ihm sein, sein Bild im Herzen tragen, ihm folgen heißt, sich eine Lebensperspektive zu eigen zu machen, die im wesentlichen, unüberbrückbaren Konflikt zur Gesellschaft, in der wir leben, steht.«[11] In dem von Dorothee Sölle 1969 verfassten »Credo«[12] heißt es:

Ich glaube an jesus christus
der recht hatte als er
»ein einzelner der nichts machen kann«
genau wie wir
an der veränderung aller zustände
arbeitete und darüber zugrunde ging

An ihm messend erkenne ich
wie unsere intelligenz verkrüppelt
unsere fantasie erstickt
unsere anstrengung vertan ist
weil wir nicht leben wie er lebte

Jeden tag habe ich angst
daß er umsonst gestorben ist
weil er in unseren kirchen verscharrt ist
weil wir seine revolution verraten haben
in gehorsam und angst vor den behörden

Ich glaube an jesus christus
der aufersteht in unser leben
daß wir frei werden
von vorurteilen und anmaßung
von angst und haß
und seine revolution weitertreiben
auf sein reich hin

G L A U B E N S B E K E N N T N I S

Ich glaube an Gott, der die Welt nicht fertig geschaffen hat wie ein Ding, das immer so bleiben muß;
der nicht nach ewigen Gesetzen regiert, die unabänderlich gelten; nicht nach natürlichen Ordnungen von Armen und Reichen, Sachverständigen und Uniformierten, Herrschenden und Ausgelieferten.

Ich glaube an Gott, der den Widerspruch des Lebendigen will und die Veränderung aller Zustände durch unsere Arbeit, durch unsere Politik.

Ich glaube an Jesus Christus, der Recht hatte als er "ein einzelner, der nichts machen kann" genau wie wir an der Veränderung aller Zustände arbeitete und darüber zugrunde ging.

An ihm messend erkenne ich wie unsere Intelligenz verkrüppelt, unsere Phantasie erstickt, unsere Anstrengung vertan ist, weil wir nicht leben wie er lebte. Jeden Tag habe ich Angst, daß er umsonst gestorben ist, weil er in unseren Kirchen verscharrt ist, weil wir seine Revolution verraten haben in Gehorsam und Angst vor den Behörden.

Ich glaube an Jesus Christus, der aufersteht in unser Leben, daß wir frei werden von Vorurteilen und Anmaßung, von Angst und Haß und seine Revolution weitertreiben auf sein Reich hin.

Ich glaube an den Geist, der mit Jesus in die Welt gekommen ist, an die Gemeinschaft aller Völker und unserer Verantwortung für das, was aus unserer Erde wird, ein Tal voll Jammer, Hunger und Gewalt oder die Stadt Gottes.

Ich glaube an den gerechten Frieden, der herstellbar ist, an die Möglichkeit eines sinnvollen Lebens für alle Menschen, an die Zukunft dieser Welt Gottes.

Amen.

Typoskript des 1969 von Dorothee Sölle verfassten »Credo«

Begegnungen in Jerusalem

»Auf dem Weg nach Athen merkte ich plötzlich, daß ich eigentlich nach Jerusalem wollte. Von Anfang an ...«, schreibt Dorothee Sölle in ihren Erinnerungen.[1] Jerusalem ist nicht das Ende, aber eine wichtige Station eines langen Umkehrweges, und es geht nicht nur um den Wechsel von der klassischen Philologie in die Theologie. Es ist auch der Abschied von einer bildungsbürgerlichen Theologie, die sich mit der Verfeinerung dogmatischer Lehrsysteme und mit exegetischer Fußnotengelehrsamkeit schmückt, aber die entscheidenden, die existenziellen Fragen in den Bereich der persönlichen Frömmigkeit verweist. Wer ist unser Gott, wo ist er zu finden, welchen Weg will er weisen, wie kann die Welt nach seinem Willen gestaltet werden? Diese Fragen gehen über die wissenschaftlich-theologische Fragestellung hinaus in eine existenzielle Dimension, die eine »Lehre von Gott« nicht wirklich erfassen kann. Die Existenzphilosophie, von der Dorothee Sölle herkommt, drängte aber gerade diese Frage auf, und sie war weder mit dem klassischen theologischen Lehrsystem noch mit evangelikalem Fundamentalismus zu beantworten. Diese Erfahrung machen zu dieser Zeit manche Christinnen und Christen, die in die Konfrontation mit den neuen philosophischen Strömungen und ihren Herausforderungen geraten. Sie müssen anderswo Antworten finden. Für Dorothee ist Martin Buber, der große jüdische Gelehrte und Vermittler zwischen den Welten der Gott- und Wahrheitssucher, ein Grund, nach Jerusalem zu pilgern. Sie ist nicht die Einzige, die sich von ihm weiterführende Antworten erhofft. Im Kloster Maria Laach ist ein katholischer Theologe und Benediktinermönch in einer ähnlichen Suchbewegung und auf dem gleichen Weg zu Martin Buber. Am Ende wird die Pilgerreise zu Martin Buber Dorothee Sölle und Fulbert Steffensky zusammenführen.

Zunächst aber besuchen sie ihn einzeln, ohne voneinander zu wissen. Zur Jahreswende 1959/60 fährt Dorothee zum ersten Mal mit der Gesellschaft für christlich-jüdische Zusammenarbeit nach Israel. Das Interesse und das Engagement für den jungen und ständig bedrohten Staat Israel ist für sie wie für viele kritische Deutsche ihrer Generation ein Teil der Umkehr, die zum Lebensprogramm geworden ist. Damit verbunden ist das Interesse für all das Neue, das in diesem Land aufgebaut wird – das sozialistisch-zionistische Experiment der Kibbuz-Genossenschaft ebenso wie die Umsetzung jüdischer Identität in einer modernen Gesellschaft, die zugleich den alten Traditionen und Verheißungen Israels verbunden bleibt. Dorothee taucht ein in die Welt der Kibbuzim, konfrontiert sich mit den Überlebenden des Holocaust, nimmt die Landschaft in sich auf, »die die Geschichte des Bundes erzählt, der zwischen Gott und seinem Volk geschlossen wurde«.[2] Zum ersten Mal verbindet sich für die junge Religionslehrerin der christliche Glaube mit dem Glauben an den Gott *Israels* in einer zutiefst eindrücklichen und sinnlichen Art und Weise. Nicht die christlichen Stätten, vom »Holyland-Tourismus« hoffnungslos verfremdet, ziehen sie an, sondern der Jordan, der See Genezareth, die judäische Wüste: »Ich binde meine Erinnerung an Steine, an Bäume, an Licht und an eine Felskluft. Der Glaube sucht die Fußspuren der eigenen Vergangenheit. Wenn ich aber die speziellen christlichen Stätten sehe – die Grabeskirche, die Via Dolorosa, die

Unzahl von Klöstern, Priestern und Nonnen, dann weiß ich, da habe ich nichts zu suchen, und da werde ich nichts finden.«[3]

Gesucht und gefunden hat sie stattdessen Martin Buber; sie hatte ihm einen freundlichen Brief geschrieben und war von ihm eingeladen worden. »Er bot mir einen Platz im kleinen Arbeitszimmer an und schwieg. Ich wußte nicht genau, was ich sagen, fragen oder wissen wollte. Schließlich, es kam mir wie eine Ewigkeit des Schweigens vor, stotterte ich etwas, das mit ›mir ist aufgefallen‹ begann und die Rolle der Orthodoxie in Israel kritisch befragte. Buber sah mich an und fragte: ›Wie lange sind Sie im Land?‹ Es war gerade mein vierter Tag und ich schämte mich so schrecklich, daß ich aufstehen und mit einem ›ich bin's nicht wert‹ gehen wollte. Dann entschloß ich mich doch zu einem zweiten Versuch und erzählte ihm, wo er bei mir im Religionsunterricht vorkäme, ausgerechnet bei Luthers ›Rechtfertigung allein aus Glauben‹, die ich mit Bubers Unterscheidung des Ich-Du vom Ich-Es zusammenbrachte. Das interessierte ihn sehr, und wir gerieten in eine lebhafte Unterhaltung, in der er mir die Frage stellte, die ich erst viele Jahre später verstanden und beherzigt habe: ›Ja, Theo-logie, wie machen sie das eigentlich? Es gibt doch keinen Logos von Gott!‹«[4]

Zu diesem Zeitpunkt steht die Theologin Dorothee Sölle noch am Anfang eines weiteren Weges, der sie wegführen wird von einer Christologie, die den Messias Jesus von seinem Judentum trennt, hin zu einer neuen Wahrnehmung der jüdischen Wurzeln des Glaubens an Jesus, den Messias. Damit verbunden ist die Abkehr von der lange Zeit so fraglos übernommenen antijudaistischen Lesart der biblischen Schriften und der Dogmatisierung ihrer vielfältigen Inhalte. Das Reden von Gott, sagen jü-

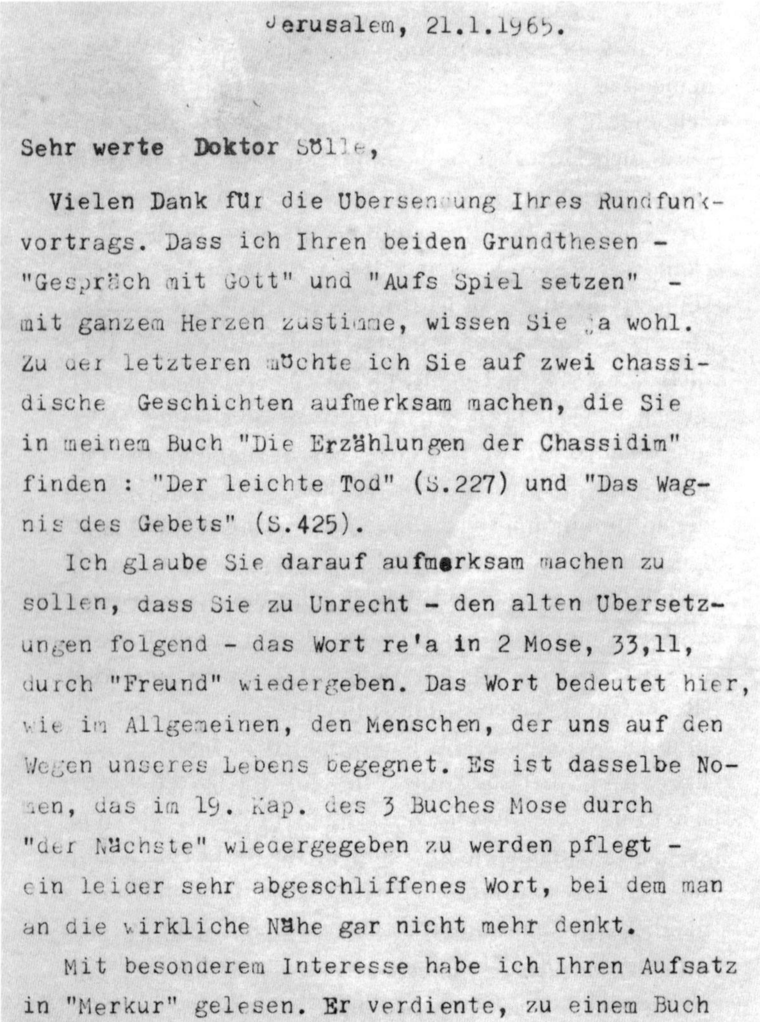

Jerusalem, 21.1.1965.

Sehr werte Doktor Sölle,

Vielen Dank für die Übersendung Ihres Rundfunkvortrags. Dass ich Ihren beiden Grundthesen - "Gespräch mit Gott" und "Aufs Spiel setzen" - mit ganzem Herzen zustimme, wissen Sie ja wohl. Zu der letzteren möchte ich Sie auf zwei chassidische Geschichten aufmerksam machen, die Sie in meinem Buch "Die Erzählungen der Chassidim" finden : "Der leichte Tod" (S.227) und "Das Wagnis des Gebets" (S.425).

Ich glaube Sie darauf aufmerksam machen zu sollen, dass Sie zu Unrecht - den alten Übersetzungen folgend - das Wort re'a in 2 Mose, 33,11, durch "Freund" wiedergeben. Das Wort bedeutet hier, wie im Allgemeinen, den Menschen, der uns auf den Wegen unseres Lebens begegnet. Es ist dasselbe Nomen, das im 19. Kap. des 3 Buches Mose durch "der Nächste" wiedergegeben zu werden pflegt - ein leider sehr abgeschliffenes Wort, bei dem man an die wirkliche Nähe gar nicht mehr denkt.

Mit besonderem Interesse habe ich Ihren Aufsatz in "Merkur" gelesen. Er verdiente, zu einem Buch ausgebaut zu werden.

Mit guten Wünschen für Leben und Werk,
Ihr Martin Buber

Brief des großen jüdischen Religionsphilosophen Martin Buber (1878–1965) an die noch unbekannte deutsche Theologin dische Theologinnen und Theologen, ist kein Formulieren von Lehrsystemen, sondern ständiger Diskurs, eine gemeinsame, spannungsreiche Suche nach einer Wahrheit, die niemals völlig zu ergründen ist. Diese Sichtweise wird auch Dorothee Sölle nach und nach übernehmen. Und schließlich geht mit der Entdeckung des Judentums die Neuentdeckung der Tora einher – nicht als erdrückendes »Gesetz«, sondern als Weisung und Wegweisung, als Ermöglichung zur Umkehr, zur Lebensänderung, als »Recht, ein Anderer zu werden«. Am Ende diese Weges wird Dorothee Sölle bei einem Abendgespräch im Romero-Haus in Luzern sagen: »Den Satz ›das Recht, ein Anderer zu werden‹, den möchte ich gerne festhalten im Sinne einer für mich immer stärker gewordenen Einbindung in die jüdische Tradition. Ich bin im Laufe meiner theologischen Entwicklung eigentlich immer jüdischer geworden ... Ich denke, das Beste, was wir als Christen tun können, ist, so jüdisch wie nur irgend möglich zu werden. Das Wort, das mir jetzt zu diesem ›Recht, ein Anderer zu werden‹, einfällt, ist ein Wort der jüdischen Tradition, das ich immer mehr lieben gelernt habe, das Wort *›Teschuwa‹*, die Umkehr. Die Rabbiner lehren über die *Teschuwa*, daß man alles Mögliche über sie sagen kann, daß es aber keinen Tag und keine Stunde gibt, an der sie unmöglich ist. Wir müssen annehmen, glauben, denken, hoffen, daß wir alle, an jedem Tag und zu jeder Stunde, fähig sind, umzukehren und anders zu werden. Das ist für mich das eigentliche Vermächtnis des Judentums, dem wir uns christlicherseits annähern – Christus als die Erlaubnis, in diese Tradition hineinzuwachsen, und als das Recht, umzukehren.«[5]

Der Besuch bei Martin Buber war für Dorothee Sölle ein erster Schritt auf diesem Weg. Ein zweiter wird ein paar Jahre später folgen. 1966 wird sie zu einer Konferenz eingeladen, die von der Gesellschaft für christlich-jüdische Zusammenarbeit in Jerusalem veranstaltet wird. Zu den Organisatoren gehört Fulbert Steffensky, der Martin Buber besucht hatte, um mit ihm sein Problem, im Kloster »bleiben oder gehen?«, zu bereden. Die intellektuelle Herausforderung durch die neuen philosophischen Strömungen und die Auseinandersetzung mit den neu aufkommenden Sozialwissenschaften beschäftigen auch die in Bewegung gekommene Basis in der katholischen Kirche. In ökumenischer Eintracht suchen evangelische wie katholische Grenzgänger nach neuen Wegen und Quellen der Erkenntnis – und landen bei den gemeinsamen Wurzeln, den jüdischen Traditionen des Glaubens und der Gotteserkenntnis. Es ist eine überschaubare Szene, man kennt die Namen derer, die dazugehören. Dorothee Sölle, die sich inzwischen als freie Mitarbeiterin beim Rundfunk und theologische Schriftstellerin einen Namen gemacht hat, wird von Fulbert Steffensky zur Konferenz eingeladen. Man verabredet ein Treffen am Züricher Flughafen, trinkt einen Birnenschnaps zum Kennenlernen und fliegt zusammen weiter nach Israel. In der Tagungsstätte in Jerusalem, einem christlichen Hospiz, landet Dorothee abends auf der Suche etwas Trinkbarem bei einer fröhlichen Runde kritischer Katholiken, die sich rechtzeitig mit Getränken eingedeckt hatten, und beschließt, sich dieser Reise- und Arbeitsgruppe anzuschließen; man nimmt sie gerne auf. Irgendwann kommt die Sprache auf den kürzlich verstorbenen Martin Buber: »Als wir entdeckten, welche Beziehungen uns mit Buber verbanden, sagte Fulbert kurz entschlossen: ›Dann gehen wir eben morgen zusammen zu Bubers Grab‹. Alles Weitere in meiner Lebensgeschichte nahm dort, in Jerusalem, seinen Anfang.«[6] Es entstand eine Art »verhüllte Zuneigung«, erzählt Fulbert Steffensky, »wir unternahmen von da an manches zu zweit, eigentlich noch ohne Hintergedanken – aber wenn wir zur Gruppe zurückkamen, wurde verständnisinnig gelächelt«.[7] Drei Jahre später heiraten Fulbert und Dorothee. Der »Heiratsvermittler«, der »Schadchen« Martin Buber, hat damit im Nachhinein auch Fulberts Frage »bleiben oder gehen« beantwortet.

Die Heirat ist eine kleine Sensation, auch wenn sie für die Freunde und Vertrauten des Paares nicht überraschend kommt. Ihre Beziehung, die in Jerusalem begann, setzt sich bald in einer gemeinsamen Aktion fort, dem »Politischen Nachtgebet«. Sie steht am Anfang einer Lebens- und Arbeitsgemeinschaft, die durch eine gemeinsame theologische und politische Vision zusammengehalten wird. Dorothee will nicht von einer »Zweierbeziehung« reden. Oft weist sie darauf hin, wie sehr Helene Weigel und Bertolt Brecht die »dritte Sache« beschworen haben, die Arbeit und den Kampf für Gerechtigkeit, der ihrem gemeinsamen Lebensweg Sinn und Ziel gegeben hat: »Die Ehe ohne gemeinsame Arbeit, ohne gemeinsame Freunde und ohne gemeinsame Vision erstickt sozusagen an ihrer eigenen Beschränktheit.« Und noch einmal wird Martin Buber zum Ehevermittler und Eheberater: »Für mein Verständnis von Ehe ist die Philosophie Martin Bubers sehr wichtig gewesen. In seinem Buch ›Ich und Du‹ hat er zwei Grundbeziehungen entwickelt, die unser Leben konstituieren: die des Ich zum Du, die reine, unmittelbare, die Sprache übersteigende Nähe, und die vom Ich zum Es, die vermittelte, welthaft agierende, schöpferische Beziehung zu den Sachen. Die Liebe kann auf die Welt und das Es verzichten, sie kennt Augenblicke der reinen, inselhaften Ich-Du-Begegnung. Aber die Ehe, so schien uns, findet gerade im Schnittpunkt von Du-Ich-Beziehung und Ich-Es-Beziehung statt … Chancen für die Ehe schienen uns also dort zu liegen, wo ein gemeinsames Feld zu beackern ist, auch ein noch nicht sichtbares.«[8] Gemeinsam ist ihnen aber auch die Liebe zur Natur, zur Literatur, zur Musik, zum Lebensgenuss. Man trifft sich auch nach der ersten Begegnung nicht nur zur theologischen Diskussion und politischen Aktion. »Ich war am Sonntag mit einem Schiff auf dem See, mit meiner Mutter und ihrem Freund, einem Münch!«, schreibt die kleine Tochter Michaela in einem Erlebnisaufsatz, der im katholischen Köln Aufsehen erregt.[9] Das Hochzeitsfoto aus dem Jahr 1969 zeigt den laisierten, zum Protestantismus konvertierten ehemaligen Benediktiner mit einer evangelischen Theologin im schwarzen Minikleid. Welten liegen zwischen der weißen Braut von 1954 und der schwarzen mit der »Außer-Atem«-Frisur, die gerade Jean Luc Godard mit seinem ersten *Nouvelle-Vague*-Film berühmt gemacht hat. Die unterschiedlichen Aufnahmen sind wie Dokumente einer Zeitreise durch die Geschichte der Bundesrepublik Deutschland. Die kritische evangelische Theologin und der linkskatholische Aussteiger repräsentieren in mehrfacher Weise den gesellschaftlichen und kirchlichen Umbruch der 60er-Jahre. Erstmals verlassen Priester öffentlich ihr Amt und manchmal auch ihre Kirche, die eisern am Zölibat und an ihren hierarchischen Strukturen festhält. Die damit verbundenen Erschütterungen werden nicht mehr geheim gehalten. In der damals weit verbreiteten Frauenzeitschrift CONSTANZE erscheint eine ausführliche Reportage über Fulbert und Dorothee und andere ausgestiegene Priester und ihre Ehefrauen. Für die unterschiedlichen Herkunftsfamilien ist das Ereignis allerdings nicht nur Anlass zur Freude. Bei Dorothee, der »Tochter aus gutem Hause«, hat man sich ja schon an das »Gegenprogramm« gewöhnen müssen, das nun allerdings noch einmal für liberale, antiklerikale Kreise eine

Im schwarzen Minikleid heiratet Dorothee Sölle in zweiter Ehe den ehemaligen Benediktinerpater Fulbert Steffensky

besondere Wendung erfährt. Für Fulberts Familie aus dem ländlichen katholischen Milieu ist solch ein Schritt aus einer kirchlichen Laufbahn und einer katholischen Lebensberufung nicht leicht zu verstehen und zu verkraften. Was für die CONSTANZE ein Signal des Aufbruchs in die Freiheit ist, ist für die katholische BILDPOST ein Einbruch der Sünde in die christliche Welt. In diesem kirchenoffiziellen Massenblatt, das in allen katholischen Kirchen zum Mitnehmen ausliegt, erscheint ein höhnischer und infamer Artikel über das »Skandalpaar«. Das geht nun allerdings auch Fulberts Familie zu weit: Die große Verwandtschaft fährt alle katholischen Kirchen der Umgebung ab und sammelt die ausliegende BILDPOST ein. Auch auf dem katholischen Land lässt man sich von den kirchlichen Autoritäten nicht mehr alles gefallen!

Auch in Dorothees zweiter Ehe begegnen sich Welten, die unterschiedlicher kaum sein könnten. »Als Dorothee die Matthäuspassion kennenlernte, habe ich Ziegen gehütet«, sagt Fulbert. »Wir spielen mit den Gegensätzen, nicht nur der Klasse und Konfession, sondern auch mit denen der Alltagsgewohnheiten, der überlieferten Weihnachtslieder und Erziehungsversuche. Seit einem Vierteljahrhundert leidet Fulbert unter meinem zu starken Tee und ich unter seinem zu starken Kaffee, verspottet er meinen ›protestantischen Wahrheitsfimmel‹ und ich seine ›katholisch-liebenswürdige Unschärfe‹«, schreibt Dorothee in ihren Erinnerungen.[10] Neu und noch ungewohnt ist das Experiment der »Patchwork«-Familie. Fulbert wird ein guter Vater für die von Dorothee »mitgebrachten« Kinder und die gemeinsame Tochter Mirjam. Und die wiederbeheimateten Geschiedenen leben zusammen mit ihren neuen Lebenspartnern eine gute Gemeinschaft, die zusammen Weihnachten und Geburtstage feiert und in gegenseitiger Hilfe die Kinder durchs Leben begleitet.

Für Dorothee bleibt Fulbert, den sie »Steff« nennt, der »Lache-und-Weine-Partner«, er hält zu ihr in den vielen kommenden Auseinandersetzungen und Kämpfen, er hält ihr den Rücken frei für ihr Schreiben und Reisen, dafür kommt er, mit Lachen und Weinen, in ihren Gedichten vor:

Für Fulbert

Säufer und Verwässerer
erster und letzter Leser
Beichtvater im Widerstand

der die Nacht kennt
und die Kerzen ansteckt
das Buch zu lesen

der mich beschützt
vor anderen und vor mir
und niemanden aufgibt

außer sich selber manchmal

compañero[11]

Politisches Nachtgebet

Eigentlich ist es erst einmal nur ein Gesprächskreis von evangelischen und katholischen Christinnen und Christen, Theologen und Laien, die sich mit Kultur und Religion beschäftigen und sich über politische und gesellschaftliche Fragen der Gegenwart austauschen wollen. Es ist eine Art christliche Variante der neuen Kultur- und Debattierclubs wie dem »Club Voltaire«, die in der konservativen Bundesrepublik ein Ort für kritische Denkansätze sein wollen. Man kennt sich aus der Gesellschaft für christlich-jüdische Zusammenarbeit oder aus der Ostermarschbewegung und kommt bald zu der Einsicht, dass die Beschäftigung mit theologischen Fragen auch politische Konsequenzen haben muss: Jeder theologische Satz muss auch ein politischer sein! Es sind vor allem die Katholiken, die eine weitere Dimension in diese Aktivitäten einbringen. Inspiriert durch die Aufbrüche des »Zweiten Vatikanischen Konzils« (1962–1965) und die vor allem in Frankreich wirkende Arbeiterpriesterbewegung, praktizieren sie das, was der Prior des ökumenischen Klosters in Taizé, Roger Schutz, *»lutte et contemplation«* nennt, »Kampf und Kontemplation«. Für die vor allem auf das Wort und die richtige Lehre ausgerichteten diskussionsfreudigen Protestanten ist das ungewöhnlich, aber auch faszinierend. Man versucht sich an einer neuen Ausdrucksform, die dem Prinzip »sehen, urteilen, handeln« folgt und aus vier Teilen besteht: Information, Meditation, Diskussion und Aktion.

Beim Katholikentag 1968 in Essen stellt man den An-

Leger ging es zu, als in den Sechziger- und Siebzigerjahren rund 1000 Menschen zum »Politischen Nachtgebet« in die Kölner Antoniterkirche kamen

trag, eine politische Gebetsliturgie zu aktuellen politischen Fragen abhalten zu dürfen. Das Organisationsbüro will den Antrag nicht zurückweisen, schließlich ist ein Benediktinerpater dabei, legt den Termin aber auf eine Zeit nach 23 Uhr. Damit ist das »politische Nachtgebet« entstanden. »Es handelte sich dabei um politische Information, um ihre Konfrontation mit biblischen Texten, eine kurze Ansprache, Aufrufe zur Aktion und die Diskussion

mit der Gemeinde. Information, Meditation und Aktion sind die Grundelemente aller folgenden Nachtgebete geblieben.«[1] Die Themen in den späten 60er- und frühen 70er-Jahren sind vielfältig und spiegeln die Umbrüche dieser Zeit wider. Es geht um den Krieg in Vietnam, die Zerschlagung des »Prager Frühlings«, um die Intervention der USA in Santo Domingo und am Ende um den faschistischen Putsch in Chile. Behandelt werden gesellschaftliche Probleme wie Frauendiskriminierung, Strafvollzug und Entwicklungshilfe. Die einzelnen Themen werden jeweils von einer Gruppe vorbereitet, die sich von Fachleuten bei der Vorbereitung beraten lässt und diese in die Aktion mit einbezieht. Auf diese Weise wird der Kreis immer mehr ausgeweitet, Freundschaften entstehen über konfessionelle und weltanschauliche Grenzen hinweg. Die spätere Professorin für Soziologie und Frauenforschung, Maria Mies, erarbeitet zusammen mit Dorothee Sölle 1971 das Neunte Politische Nachtgebet: »Emanzipation der Frauen – Die Frau liegt immer noch unten …«. In der Gedenkveranstaltung für Dorothee am 3. Juni 2003 in der Kölner Antoniterkirche, dem Ort der ersten politischen Nachtgebete, wird sie sich an diese Zeit erinnern: »Ich wurde durch Dorothee Sölle und das Politische Nachtgebet politisiert … Dorothee machte nie Theologie um der Theologie willen. Ihr ging es immer um die Menschen, um die Schöpfung und um die Praxis. Oft zitierte sie damals den Satz von Bert Brecht: ›Die Wahrheit ist konkret.‹«[2] Maria Mies wendet sich dabei auch gegen den Versuch, Dorothee Sölle nachträglich in die Kirche heimzuholen, das Sperrige an ihr zu glätten und sie »sozusagen heiligzusprechen«. Sie erinnert daran, dass ihr gemeinsames politisches Nachtgebet seinerzeit schon längst nicht mehr in der Antoniterkirche stattfinden durfte. Die evangelischen und katholischen Kirchenleitungen hatten das Politische Nachtgebet aus den Kölner Kirchen »ausgesperrt«. Dabei waren die Kirchen so voll gewesen wie nie!

Am 2. Oktober 1968 ist im Kölner Stadtanzeiger zu lesen: »Schon um 20 Uhr gestern abend war die Antoniterkirche in der Schildergasse überfüllt. Und um 20.30 Uhr sagte der Gemeindepfarrer Jörg Eichert durchs Mikrophon: ›Es stehen noch viele draußen. Laßt uns etwas enger zusammenrücken, das ist ein gutes Zeichen für einen

Fulbert Steffensky war zusammen mit Dorothee Sölle einer der führenden Köpfe des Politischen Nachtgebets

ökumenischen Gottesdienst.‹ Zehn Minuten später gab es nicht mal mehr einen Stehplatz. Mehr als 1000 Menschen waren zum Politischen Nachtgebet in die evangelische Kirche gekommen, deren Bänke kaum mehr als 300 Plätze bieten: katholische Kapläne, evangelische Pfarrer, Schüler, Studenten, engagierte Leute. Etwa der Vietnamkreis von St. Alban oder der Kreis der Freunde Biafras. Man hatte sich keinen Zwang angetan, war in Hosenanzügen, Lackmänteln gekommen, setzte zum Schutz gegen die Fernsehscheinwerfer die Sonnenbrille auf, kauerte auf den Fliesen vor dem Altar, lehnte an der Kanzel.«[3] Fulbert Steffensky, der Benediktiner aus Maria Laach, ist eine der führenden Gestalten und einer der Initiatoren in diesem ersten Nachtgebet – zusammen mit Dorothee Sölle. Dass die beiden inzwischen eine Liebesbeziehung verbindet, wissen zu diesem Zeitpunkt nur wenige.

Die Fotos, die Fulberts Mitbruder aus Maria Laach von diesen ersten Veranstaltungen des Politischen Nachtgebets macht, geben die Atmosphäre dieser Tage wunderbar wieder. Der sakrale Raum wird zu einem Ort der Gemeinschaft und der Reflexion. Die Institution Kirche ist nicht mehr sakrosankt, sie wird danach befragt, was sie für die Menschen und die Welt der Menschen tut. Für die Kirchenleitungen bedeutet eine solche Bewegung von unten »Alarmstufe Rot«, für viele andere Menschen dagegen öffnet sich die Kirche endlich wieder der Welt und den Menschen, ihren Problemen, Sehnsüchten und Hoffnungen. Heinrich Böll, der kritische Kölner Schriftsteller und Katholik, schreibt nach dem Kirchenverbot durch Kardinal Frings einen offenen Brief: »Liebe Freunde! Es ist nicht zu fassen, daß es Ihnen bisher verweigert worden ist, Ihre Texte in einer katholischen Kirche zu beten ... Was Sie tun und planen, kann gar nicht in irgendeine der Kirchen – jedenfalls in keine der im Augenblick korporierten – integriert werden. Sie können nur Gäste sein, fremde Gäste, weil sie nicht betreiben, was jede korporierte Konfession betreiben muss: ›Interessen‹. Ihr Engagement, die christlichen Artikulationen zu vermenschlichen, die Menschwerdung der Gesellschaft zu betreiben, ist notwendigerweise fremd und die klassischen ›Interessenvertreter‹ mögen beim ›Politischen Nachtgebet‹ wittern, so viel sie mögen: sie wittern das Falsche, weil sie gar keine Wahrnehmungsorgane für das haben, was hier vor sich geht.«[4] Das Falsche wittert auch der Präses der Rheinischen Landeskirche, Joachim Beckmann. Für ihn wie für manche anderen Christen, die aus der Tradition des konservativen Teils der Bekennenden Kirche kommen, ist die Verbindung von Evangelium und Politik im Politischen Nachtgebet das Gleiche wie die Unterwanderung der Kirche durch die nazifreundlichen Deutschen Christen in den Jahren des »Dritten Reiches«. Der Arbeitskreis »Politisches Nachtgebet« gibt dazu folgende Erklärung ab: »Der Vergleich mit den Deutschen Christen ist eine Beleidigung für alle, die am Nachtgebet teilnehmen. Gegenüber der politischen Schwärmerei der ›Deutschen Christen‹ bemühen wir uns gerade um klare Analyse politischer Sachverhalte zum Zweck der Erhellung und Veränderung des politischen Bewußtseins. Wir vertreten keine bestimmte Gesellschaftsphilosophie, meinen aber, daß die Aufgabe der Kritik der Gesellschaft bisher von den Kirchen und den Christen zu wenig gesehen wurde. Wir folgen damit einer Linie der Bibel und des Glaubens, die bisher vernachlässigt wurde, meditieren und beten darüber.«[5]

Genau das tun inzwischen zahlreiche Ableger des Kölner Politischen Nachtgebets. Vor allem Studentengemeinden und christliche Friedensgruppen nehmen den Gedanken auf, dass die Kirchen im Sinn der biblischen

Propheten eine kritische Funktion, ein »prophetisches Wächteramt« in ihrer jeweiligen Lebenswelt haben und wahrnehmen müssen. Dem Gedanken des Propheten Amos folgend, dass Gottesdienste zur Gotteslästerung werden, wenn nicht »das Recht fließt wie Wasser und die Gerechtigkeit wie ein nie versiegender Bach«, werden politische Gruppen, kritische Zeitungen, Aktionskreise gegründet. Sie sind ein aktiver Teil der 68er-Bewegung, die jedoch nicht nur die Gesellschaft, sondern auch die Kirche erneuern wollen. Ihnen stellt Dorothee Sölle eine neue theologische Perspektive und eine neue Sprache bereit. Auch Menschen, die sich von der traditionellen Kirche, ihrer Erscheinung und Sprache abgewandt haben, finden sich und ihre Welt in ihren Texten wieder. In Verbindung mit ihrem Interesse für Kunst und Literatur und ihrer eigenen literarischen Begabung erschafft sie eine Sprachform, mit der die Rede von Gott in eine säkularisierte Gesellschaft hinein neu gestaltet werden kann. In ihren 1970 verfassten »Thesen über die Kriterien des theologischen Interesses an Literatur« heißt es:

»Die Theologie findet in der Sprache der Kunst eine nicht-religiöse Interpretation der theologischen Begriffe.

Theologische Begriffe sind solche, die den Menschen in seiner Totalität aussprechen und die ihn auf sein ewiges, d.h. authentisches Leben beziehen, z.B. Sünde, Gnade, Sterben, Auferstehen, Gerechtigkeit, Frieden.

Das Entdecken der nicht-religiösen Interpretation, das die Theologie leisten soll, ist nicht mit der Reduktion auf eine theologische Nomenklatur abgegolten oder mit der vagen Parallelisierung dichterischer und theologischer Darstellungen. Entdeckt will gerade der Gehalt der in religiöser Nomenklatur erstarrten Begriffe werden, gefunden ihre gegenwärtige Konkretion. ›Sünde‹ und ›Gnade‹ sind theologische Leerformeln, deren einziger Wert darin liegt, daß sie uns zu einer Fragestellung verhelfen, auf die erst nichtreligiöse, weltliche Konkretion antwortet. Erst die Prädikate sagen, was das Subjekt sei.

Theologisch relevant ist, was uns öffnet, was ›ein neues Organ in uns aufschließt‹ (Goethe), was uns aus der Versicherung des Gewußten herausnimmt, was uns mit den eigenen Klischees konfrontiert, was uns entlarvt, was unser Verhältnis zur Welt und damit uns selber ändert.«[6]

Die Notwendigkeit, eine neue Sprache für das alte Evangelium zu finden, hatte schon Dietrich Bonhoeffer erkannt. In seiner »Taufansprache aus dem Gefängnis« heißt es: »In den überlieferten Worten und Handlungen ahnen wir etwas ganz Neues und Umwälzendes, ohne es noch fassen und aussprechen zu können. Das ist unsere eigene Schuld. Unsere Kirche, die in diesen Jahren nur um ihre Selbsterhaltung gekämpft hat, als wäre sie ein Selbstzweck, ist unfähig, Träger des erlösenden und versöhnenden Wortes für die Menschen und die Welt zu sein. Darum müssen die früheren Worte kraftlos werden und verstummen, und unser Christsein wird heute nur in zweierlei bestehen: im Beten und im Tun des Gerechten unter den Menschen.«[7] Ausgehend von diesem Wort weist Dorothee Sölle darauf hin, dass erst aus einer neuen persönlichen und politischen Praxis eine neue Form der Verkündigung erwächst: Man kann nicht denken, was man nicht tut! Diesen Gedanken entwickelt auch die zur gleichen Zeit entstehende Theologie der Befreiung: die Orthopraxie hat Vorrang vor der Orthodoxie, in dem Wissen darum, dass die Praxis selbst immer wieder zum Ort der Erkenntnis wird. Der von Gustavo Guiterrez formulierte erste und zweite Akt der Auslegung des Evangeliums wird so zum Charakteristikum theologischer Existenz heute: Erst im bewussten Leben mit und für andere, in Parteilichkeit und Solidarität wird sich der

Sinn der Schrift, des Evangeliums neu erschließen, und es werden sich neue Wege und Worte der Verkündigung einstellen. Diese Erkenntnis setzt Dorothee Sölle in ihrer Lebenswelt mit Mut und Konsequenz um: eine Befreiungstheologie im Kontext der »Ersten Welt«.

Wie sieht die dazugehörige Praxis in diesen Jahren aus? Dorothee ist unermüdlich, sie unterstützt und berät Basisgruppen, hält Vorträge in Kneipen, Hinterzimmern und Gemeindehäusern fortschrittlicher Pastoren. Inzwischen ist sie berühmt und umstritten und wird daher oft zu Diskussionsrunden, Tagungen und Aktionen eingeladen. Durch die unterschiedlichen Themen bekommt sie Kontakte zu verschiedenen Milieus, erstmals lernt sie Kommunisten, alte, vom Kampf gegen den Faschismus gezeichnete Arbeiter und ihre Frauen kennen und schätzen. Wie alle, die sich zu dieser Zeit im linken Spektrum profilieren, wird sie auch mit dem faschistischen Bodensatz von Vorurteilen und Hass konfrontiert. Anonyme telefonische Drohungen und Beschimpfungen – »Kommunistensau!« – gehören zum Alltag.

Schwerwiegend sind auch die Argumente, mit denen sie in Kirche und Universität abgelehnt wird. Für Kardinal Frings ist ihr »Credo« Blasphemie, für Präses Beckmann Häresie, und aus den Reihen bekenntnistreuer Christen schallt der Ruf: »Niedergefahren zur Sölle!« Ihre Habilitation an der Philosophischen Fakultät der Universität Köln kann sie erfolgreich zu Ende führen, wenn auch schon behindert durch den »Bund Freiheit der Wissenschaft«, der sich inzwischen an den Universitäten formiert hat gegen alles, was links ist. Berufungen und Lehrämter kann sie vergessen, selbst unbezahlte Lehraufträge werden zum Anlass für einen regelrechten Kulturkampf, zum Beispiel an der Universität Mainz. Dort erhält Dorothee 1972 auf Antrag von Luise Schott-

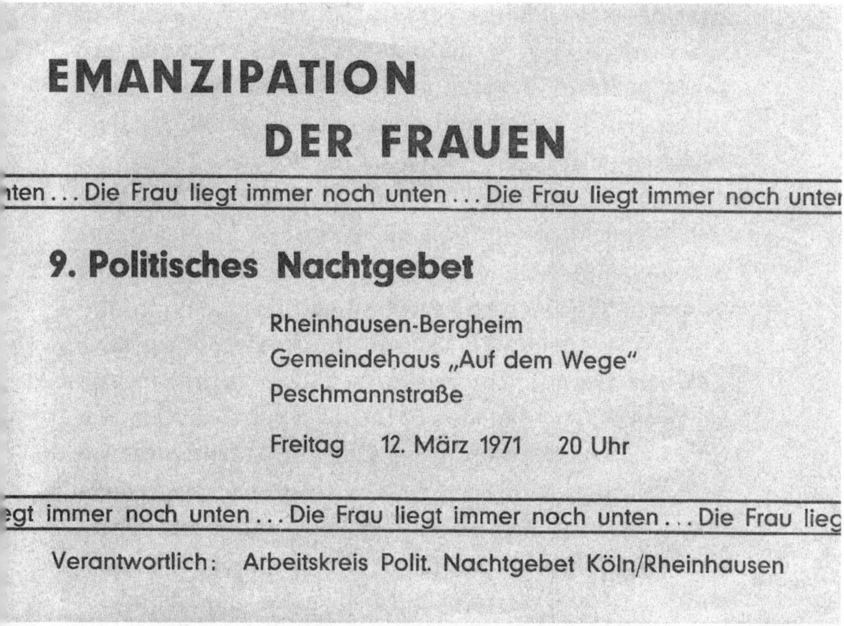

EMANZIPATION

DER FRAUEN

...ten ... Die Frau liegt immer noch unten ... Die Frau liegt immer noch unten...

9. Politisches Nachtgebet

Rheinhausen-Bergheim
Gemeindehaus „Auf dem Wege"
Peschmannstraße

Freitag 12. März 1971 20 Uhr

...egt immer noch unten ... Die Frau liegt immer noch unten ... Die Frau lieg...

Verantwortlich: Arbeitskreis Polit. Nachtgebet Köln/Rheinhausen

Die Emanzipation der Frauen war eines der großen Themen, das im Politischen Nachtgebet zur Sprache kam

roff, der Professorin für Neues Testament, und anderer Professoren und Mitglieder des akademischen Mittelbaus einen Lehrauftrag »Theologie und Literaturwissenschaft«, der von Anfang an umstritten und zeitlich begrenzt ist. Als es um die Verlängerung geht, blockiert die inzwischen gut organisierte konservative Fraktion eine weitere Beauftragung, obwohl die Veranstaltung gut besucht ist und die Studentenschaft sich für ihre Erhaltung einsetzt. Gegen den Vorwurf der Unwissenschaftlichkeit wenden sich die Gutachten der renommierten Theologen Helmut Gollwitzer und Ernst Käsemann. Am Ende aber steht das Statement von Luise Schottroff gegenüber dem Südwestfunk-Fernsehen: »Frau Sölle erinnert an die Aufgabe des Evangeliums, dass Christen Anwälte *der* Menschen zu sein haben, die selbst nicht sprechen und sich selbst nicht durchsetzen können: weil sie vom Arbeitsdruck gefesselt sind, weil sie Angst haben, ihre Stelle zu verlieren, weil sie durch den Zwang zur Leistung um ihr Menschsein, um ihre Phantasie betrogen werden. Frau Sölle zeigt, dass Christen die Partei der kleinen Leute ergreifen müssen. Die wahren Gründe für die Ablehnung von Frau Sölle werden verschwiegen. Sie sind politische: Frau Sölle ist zu links. Sie sind theologische: Frau Sölle kritisiert die Gottesvorstellung, in der Gott herrscht, schlägt und züchtigt. Sie sagt: das sei ein Gott, den sich die Mächtigen wünschen. Ich finde die Ablehnung einen Skandal. Man wird sagen müssen: hier wird die Freiheit von Forschung und Lehre behindert – und zwar nicht durch die Studenten, sondern durch konservative Professoren.«[8]

Die Universitätskarriere bleibt der Theologin Dorothee Sölle verschlossen. Zu wenig kann man mit der Querdenkerin und politischen Basisaktivistin anfangen. Selbst Ernst Käsemann, Professor für Neues Testament und Urgestein aufklärerischer und kritischer Theologie, der eigentlich mit ihren Ansichten sympathisiert, knurrt: »Muss sie denn unbedingt immer über die Dörfer gehen!«[9]

Wie ich höre

Wie ich höre
hat der heilige thomas
drei mittel empfohlen
zur bekämpfung der schwermut
schlafen
baden
und die betrachtung des leidens christi

Wie ich sehe
lauten die ratschläge meiner freunde
gegebenenfalles
mit jemand schlafen
trinken
und die betrachtung des eigenen leidens

Wie ich vermute
empfehlen andere meiner freunde
wenn ich sie fragen könnte
wachbleiben
arbeiten
und die betrachtung der weltkarte
die analphabeten verzeichnet
und unternehmer der rüstung

Diese jedoch
deren rat mir nützlich wäre
als korrektur
wohnen weiter ab
hinter mauern
Dorothee Sölle[10]

On n'arrête pas le soleil

Kartengrüße aus Nordvietnam, 1972

»Liebe Freunde. Aus der derzeitigen ›Hauptstadt der menschlichen Würde‹ herzliche Grüße. Wir haben Pham van Dong gesprochen, er sagte: ›*On n'arrête pas le soleil!*‹ C'est vrai – und ›Mythos‹. Lest Ho Chi Minhs Gedichte und tut was für die verstümmelten Kinder hier – Adieu, Dorothee«.[1] Diese Zeilen erhalten Luise und Willy Schottroff im Herbst 1972 aus Hanoi, der Hauptstadt Nordvietnams.

Die erste spektakuläre Aktion des Politischen Nachtgebetes war 1968 eine Demonstration gegen den Krieg der USA in Vietnam gewesen. »Vietnam ist Golgatha!«, stand auf dem Transparent, das eine Gruppe evangelischer und katholischer Christen durch die Kölner Innenstadt trug und dann am Eingang des Kölner Doms aufstellte. Der Krieg in Vietnam brachte zu dieser Zeit zahlreiche Menschen aus der Friedensbewegung dazu, das gesamte westliche System kritisch zu hinterfragen. Zu deutlich traten die dunklen Seiten des Kapitalismus und des Imperialismus hervor, die zerstörerische Macht des Weltmarktes und die Gewalttätigkeit einer Supermacht, die ein korruptes System in Südvietnam mit ihrer gesamten Militärmaschinerie unterstützte, um ihre politischen und wirtschaftlichen Interessen in Südostasien zu wahren. Bald arbeitet Dorothee Sölle in der »Hilfsaktion Vietnam« mit, die politische und humanitäre Hilfe für die vietnamesische Befreiungsbewegung und das ebenfalls von den Amerikanern angegriffene Nordvietnam organisiert. 1972 ist sie Teil einer Reisegruppe, die einige Städte und Dörfer in Nordvietnam besucht, um sich ein Bild von der Lage im Land zu machen. Kurz zuvor hatten Friedensgespräche in Paris begonnen und neue Hoffnungen auf ein Ende des Krieges geweckt. Aber dann hatte der amerikanische Präsident Richard Nixon den Kriegskurs verschärft und die Bombardierung Nordvietnams angeordnet, mit der

Drohung, man werde Vietnam in die Steinzeit zurückbomben. Die Folgen sind verheerend und treffen vor allem die Zivilbevölkerung. Weniger sichtbar sind damals noch die Folgen des von Kampffliegern tonnenweise versprühte Giftgases *Agent Orange*: Noch vierzig Jahre nach Kriegsende werden in Vietnam Kinder mit Missbildungen auf die Welt kommen.

Dorothee ist durch das, was sie sieht, tief erschüttert. Ihre Eindrücke fasst sie in einem Gedichtzyklus »Reiseerfahrungen«[2] zusammen:

Der frieden muß sich verstecken
im unterstand steht er ein doktor
der splitter sucht in der lunge des kleinkinds
in der höhle sitzt er ein lehrer
der mädchen zeigt wie man bomben entschärft
im bunker hockt er eine mutter
die dem kleinen die brust gibt bei schichtwechsel

Unter der erde wohnt er
nicht auf erden

Mit Vietnam sind die Leiden der Menschen in der »Dritten Welt« ins Bewusstsein gekommen, aber auch der Mut, die Kraft und die Hoffnung der Befreiungsbewegungen. Ein anderes Gedicht spricht von den unterschiedlichen Begegnungen mit den Menschen in dem zerstörten Land. Es heißt dort unter anderem:

Überall fragen wir nach
ob er morgen kommt
oder im frühjahr
oder im frühjahr darauf
der friede

Pham van dong der präsident des befreiten volkes
schlägt ein unbändiges lachen an
gegen die neu zerbombte winzige hoffnung
für heute und morgen
setzt er die wahrheit die einfach ist
und bombensicher
»on n'arrête pas le soleil«

man hält die sonne nicht auf.

Vietnam wird für Dorothee Sölle zum Sinnbild für Kreuz und Auferstehung zugleich: »Ich glaubte zu wissen, wenn ich sagte, ich bin Christin. Ich drückte damit eine Beziehung zu einem Menschen aus, der vor zweitausend Jahren gelebt und die Wahrheit gesagt hatte. Ich versuchte diesen Mann ernstzunehmen, weil ich dachte, daß seine Geschichte Folgen hat bis heute. Ich konnte keinen nennenswerten Unterschied finden zwischen einer Dornenkrone und diesen Tränengasderivaten, die bei ungünstiger Windteilung nicht nur zum Weinen und sich Übergeben führen, sondern zum Ersticken. Ich konnte keinen nennenswerten Unterschied finden zwischen den neu ausprobierten Geschossen und Giften und der älteren Art, Menschen durch Annageln an ein Kreuz umzubringen. Für meine Generation hat der Vietnamkrieg zwei Dinge getan: Er hat den Kapitalismus entlarvt wie nichts zuvor. Und gleichzeitig hat das vietnamesische Volk uns eine neue Vision von Leben, von zukünftigem Leben geschenkt.«[3]

Dass der Gekreuzigte in Vietnam zu finden ist und nicht im sakralen Abseits der Kirchen, wird zu einer zentralen Botschaft des Politischen Nachtgebets. Es ist eine Erkenntnis, die sich in weiten Teilen der weltweiten Christenheit durchsetzt. Zusammen mit der Wahrnehmung der Menschenrechtsverletzungen in Vietnam vollzieht sich eine grundlegende Erweiterung der Perspektive: Es geht nun nicht mehr nur um die Schuld gegenüber den Opfern der Vergangenheit, sondern auch um die Wahrnehmung der Verantwortung für die gegenwärtigen »Verdammten dieser Erde«. Dass die westliche Großmacht ihre eigene Freiheits- und Menschenrechtsdeklaration mit Füßen tritt, um ihre strategischen Interessen in einem der ärmsten Länder der Erde zu sichern, lenkt nun den Blick auch auf die Situation in den anderen Ländern Asiens, Afrikas und Lateinamerikas. Die Kreuzzugsideologie des Westens, der überall gegen den Kommunismus zu kämpfen vorgibt, wo die Armen einfach nur satt werden wollen, entlarvt sich zunehmend selbst als grausames Betrugsmanöver. Die Entdeckung der todbringenden Strukturen des Weltmarktes, die in der Ökumene zum ersten Mal 1969 auf der Weltkirchenkonferenz in Uppsala zu Bewusstsein gebracht werden, ruft vor allem die Christenheit in den reichen Ländern Europas und Nordamerikas zur Umkehr auf. In dieser Zeit vollzieht sich schließlich durch die in Lateinamerika entstehende »Theologie der Befreiung« ein radikaler Perspektivenwechsel: »Gott wollte seinen Sohn offenbaren in den Verdammten dieser Erde. Und wir begriffen dein Elend im Elend von ihnen, und wir teilten deine Tränen in ihrem gebrochenen Schluchzen. Und ihre Klage brachte unser ruhiges Leben durcheinander und hat die Wurzeln unseres Glaubens neu belebt. Und wir erwachten zum wahren Leben, das Krise, Konflikt und Weg der Hoffnung heißt«,[4] schreibt Julia Esquivel, die von Dorothee verehrte Theologin aus Guatemala.

In der Begegnung mit denen, die in der Peripherie der Armut leben, werden auch die biblischen Texte neu gelesen. Es wird deutlich, dass die entscheidenden Über-

Der Gekreuzigte ist in Vietnam zu finden und nicht im sakralen Abseits der Kirchen. Dieser Gedanke wird zu einer zentralen Botschaft des Politischen Nachtgebets.

Jetzt haben sie aufgehört
zu bombn und im Tiefflug zu ziehen
noch sind die Schwerter nicht zu Sicheln ~~um~~geschmiedet

Aber die B 52 stehen still.
Wir lachen und weinen
Te Deum laudamus, so snagen die Väter
Sollen wir nicht noch ein Kind machen
sagt mir mein Mann.

Ich sehe den petit lac in Hanoi
Zwischen den Trümmern ~~wohnen~~ singen die Menschen
Hinter der Pagode steigt der Mond auf
Aus den Lautsprechern klingt Musik
und die Leute sehe ich
lachen
weinen
~~sich küssen~~ zärtlich gehen

Ja, sage ich ihnen
Das ist ein Grund
zum Kinderzeugen.

Gedichtzeilen Dorothee Sölles mit handschriftlichen Korrekturen von ihr. Das Gedicht ist Teil der »Reiseerfahrungen 7« aus dem Gedichtband »Die revolutionäre Geduld« © Wolfgang Fietkau Verlag, Kleinmachnow 1974 lieferungen und Botschaften beider Testamente nicht in den Zentren der Macht entstanden waren, sondern in den Hütten der Fremdarbeiter im Schatten der Prestigeprojekte der Megakulturen. Und der ermordete und auferweckte Messias wird plötzlich identisch mit den gefolterten Opfern der Militärdiktaturen und der Todesschwadrone, er wird aber auch zum Symbol für das Leiden und die Kraft der Schwachen. Ernesto Cardenal schreibt an Monsignore Casaldàliga, den »Vater« der von Ausrottung bedrohten Amazonasindianer: »Wir wissen: Dort, wo die Hubschrauber kreisen, ist der Leib Christi.«[5]

Mit dieser Erkenntnis vollzieht sich eine weitere Politisierung für viele Christinnen und Christen beider Konfessionen. Camilo Torres, Priester und Soziologe, wird 1965 in Kolumbien Sprecher einer Massenbewegung gegen Armut und Gewalt. »Die Revolution ist ein christliches Gebot«, sagte er bereits 1964 auf der katholischen Pastoralkonferenz »Pro Mundi Vita« in Leuwen, und: »Was streiten sich die Christen mit den Kommunisten darüber, ob die Seele sterblich ist oder unsterblich, wo wir wissen: der Hunger ist sterblich.«[6] Zur gleichen Zeit hält sich Ernesto Cardenal in Kolumbien auf und schreibt dort seine »Lateinamerikanischen Psalmen«[7]:

> Höre, Herr, meine gerechte Sache,
> hör meine Klage, hör mein Gebet.
> Du, der Anwalt aller Verschleppten,
> befreie mich von dem Diktator
> und der Mafia der Gangster.
> Auf uns sind ihre Maschinengewehre gerichtet,
> und des Nachts beschattet mich Geheimpolizei.
> Entreiße mich den Klauen der Banken,
> Deine Hand, Herr, bewahre mich vor den
> Geschäftsleuten

und den Mitgliedern der exklusiven Clubs.
Wir haben keinen Zutritt zu ihren Clubs,
aber du wirst uns sättigen,
noch ehe die Nacht vergeht.

Dass Gott ein parteilicher Gott ist, Anwalt der Schwachen, dass die »Option für die Armen« unlösbar mit der Botschaft der Bibel verbunden ist, wird Christinnen und Christen in den Solidaritätsbewegungen zunehmend wichtig, und diese Option wird schließlich auch von der lateinamerikanischen Bischofskonferenz 1968 in Medellín eindrucksvoll bestätigt. In der gesamten Ökumene gerät man politisch und theologisch in Bewegung, der »Ökumenische Rat der Kirchen« beschließt mit dem Anti-Rassismus-Programm die Unterstützung der Befreiungsbewegungen im südlichen Afrika. Christliche Basisbewegungen beteiligen sich in vielen Ländern an Reform- und Befreiungsbewegungen. Dorothee und ihre Freunde sind mit diesen Bewegungen in vielfältiger Weise verbunden, und das wird auch ihr theologisches Denken weiter verändern. 1971 erscheint ihr zweites wichtiges Buch »Politische Theologie«, eine Auseinandersetzung mit der Theologie Rudolf Bultmanns. Er hatte ihr mit seinem Programm der Entmythologisierung während des Studiums einen wichtigen, von Vernunft bestimmten Zugang zu Bibel und Theologie ermöglicht. Jetzt versucht sie, die Grenze zu definieren, die sie durch die politische Praxis und deren Reflexion übersprungen hat: »Bultmann denkt im Bannkreis eines bürgerlichen Verständnisses von Wissenschaft als zeitenthoben und objektivierend.«[8] Am Beispiel der Schuldverstrickung der Bewohner der westlichen Länder in das Elend der Arbeiter auf den Bananen- und Kaffeeplantagen in Lateinamerika will sie den personalen Begriff von Sünde in

In den Jahren 1969–1971 erscheinen drei wichtige Bücher Dorothee Sölles

einen strukturellen Zusammenhang stellen. Rudolf Bultmann, der sie kennt und schätzt, schreibt ihr einen sorgfältig formulierten vierseitigen Brief: »Es ist doch ein Unterschied, ob ich einen Bananenzüchter totschlage und beraube oder ob ich Bananen durch die Vermittlung der *United Fruit Company* beziehe. Wird durch diese der Bananenzüchter zu schlecht bezahlt, so könnte er ja den Rechtsweg gehen oder streiken.«[9]

Wer in den Aktionen des Politischen Nachtgebets gelernt hat, durch Information, Analyse und Diskussion die Gründe und Hintergründe von Armut und Gewalt zu erkennen, kann so nicht mehr denken. Immer deutlicher wird, dass man sich in Kirche und Theologie auch mit Politik, Ökonomie und Soziologie beschäftigen muss. Damit ist die kritische Gesellschaftsanalyse verbunden, die angesichts der erfahrenen oder wahrgenommenen Realität für viele zur politischen Parteinahme führt. Die Bewegung der »Christen für den Sozialismus« entsteht, Dorothee Sölle schließt sich ihr an: »Wenn man fragt: Wie wird man ein Christ für den Sozialismus? So würde ich antworten: Liebe deinen Nächsten und achte auf die Erfahrungen, die du dabei machst ... Je mehr du dich auf ihn einläßt, desto mehr mußt du dich um seine Welt kümmern, seine Lebens- und Wohnumstände, seine Arbeits- und Sozialisationsbedingungen ... Der gründlich Barmherzige wird auf jeden Fall eines Tages auf Granit beißen – auf die Eigentums- und Sozialstrukturen der Gesellschaft.«[10] Die Bewegung für eine gerechte Gesellschaft erfasst vor allem die Jugend in den westlichen Gesellschaften. Die Studentenbewegungen und sozialen Bewegungen der 68er-Zeit verändern persönliche Lebensentwürfe ebenso wie gesellschaftliche Institutionen und natürlich auch die Kirchen. Eine unübersehbare Antikriegsbewegung entsteht vor allem auch in den Ver-

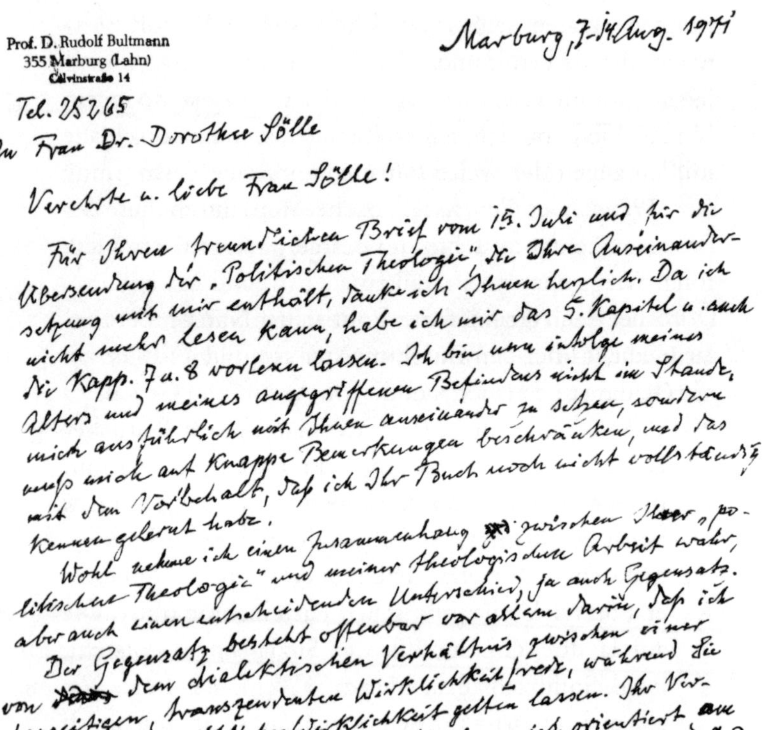

Prof. D. Rudolf Bultmann
355 Marburg (Lahn)
Calvinstraße 14

Marburg, 7–14 Aug. 1971

Tel. 25265

An Frau Dr. Dorothee Sölle

Verehrte u. liebe Frau Sölle!

Für Ihren freundlichen Brief vom 15. Juli und für die Übersendung der „Politischen Theologie", die Ihre Auseinandersetzung mit mir enthält, danke ich Ihnen herzlich. Da ich nicht mehr lesen kann, habe ich mir das 5. Kapitel u. auch die Kapp. 7 u. 8 vorlesen lassen. Ich bin nun infolge meines Alters und meines angegriffenen Befindens nicht im Stande, mich ausführlich mit Ihnen auseinander zu setzen, sondern muß mich auf knappe Bemerkungen beschränken, und das mit dem Vorbehalt, daß ich Ihr Buch noch nicht vollständig kennen gelernt habe.

Wohl nehme ich einen Zusammenhang zwischen Ihrer „politischen Theologie" und meiner theologischen Arbeit wahr, aber auch einen entscheidenden Unterschied, ja auch Gegensatz. Der Gegensatz besteht offenbar vor allem darin, daß ich von dem dialektischen Verhältnis zwischen einer jenseitigen, transzendenten Wirklichkeit und der innerweltlichen Wirklichkeit rede, während Sie nur die innerweltliche Wirklichkeit gelten lassen. Ihr Verständnis des Glaubens als Entweltlichung ist orientiert am „Vorverständnis der Schicksalhaftigkeit der Zustände und Ordnungen" (S. 79). Im Gegenteil! er ist gerade unabhängig von diesen, ohne daß er „die Preisgabe der sozialen politischen Vernunft, die die Welt für veränderbar hält" (S. 79). Das Gegenteil ist der Fall: der Glaube gibt die Freiheit zur Veränderung der Welt. Es gilt: δός μοι ποῦ στῶ, καὶ κινήσω τὴν γῆν.

Ich bin also ganz darin mit Ihnen einverstanden, daß Sie fordern, daß die Theologie Theorie und Praxis zu vermitteln habe (S. 105). Aber dazu bedarf es nicht einer „politischen" Theologie, sondern es ist die Aufgabe der Theologie überhaupt, sofern sie die Verantwortung des Glaubens für die Strukturen der gegenwärtigen

Erste Seite des Antwortschreibens Rudolf Bultmanns auf Sölles Buch »Politische Theologie« (1971)

einigten Staaten selbst. Junge Männer verweigern den Kriegsdienst, verbrennen die Einberufungsbefehle und riskieren hohe Gefängnisstrafen. Kriegsverletzte Veteranen aus Vietnam demonstrieren an Krücken und in Rollstühlen gegen die Weiterführung des Krieges. Im Sommer 1975 endet der Krieg nach zehn Jahren mit der Eroberung Saigons durch die Befreiungsarmee des Vietcong. Wenig später wird ein Friedensfreund in den USA Dorothee nach einem Vortrag aufsuchen und bitten, ihm ihr Gedicht über den Bürgermeister von Hanoi[11] zu signieren, das er besonders liebt:

Der bürgermeister der stadt hanoi
mit wenig haaren und vielen falten
behauptet
erst siebenundzwanzig zu sein
er stützt die behauptung
auf das alter der republik
ho chi minh lehrte die bürger
alle gleichen alters zu sein
so alt wie die sache die sie lieben

Nach dieser rechnung
sind die enkel des bürgermeisters
schon siebenundzwanzig
und später werden menschen
wie in alten büchern versprochen
tausend jahre und mehr

Leiden und Leidenschaft

»Man kann eigentlich nur in Christus hineinwachsen, indem man in die Bewegung des Widerstands hineinwächst.« (Dorothee Sölle)

»Es gibt kein fremdes Leid!« Dieser Satz ist in den Bewegungen für eine bessere Welt, die in diesen Jahren unzählige Menschen auf die Straßen bringen, oft zu hören. »Alles, was geschieht, geht dich an«, ruft der Dichter Günther Eich den Teilnehmern der Ostermarschdemonstration zu. Die Welt ist durch die Medien sichtbarer geworden, jeder kann sehen, was in Vietnam geschieht oder in Südafrika, in Prag und in Santiago de Chile. »Niemand ist eine Insel«, sagt Martin Luther King, und diesen Satz nimmt Robert Kennedy, der amerikanische Präsidentschaftskandidat, 1968 auf. Er verkörpert die amerikanische Hoffnung auf den Wandel, das Ende des Krieges in Vietnam, auf die Abkehr von der imperialistischen Form des *american dream* zugunsten einer *just and compassionate society – to make gentle the life in this world.* Dieser Traum des »anderen Amerika« endet jäh mit der Ermordung von Martin Luther King und Robert Kennedy, was aber bleibt, ist ihre Vorstellung von einer neuen Art des menschlichen Zusammenlebens, die von der Fähigkeit zur *Compassio* bestimmt ist. Der Begriff der »Compassio«, der Fähigkeit zum Mit-Leiden, wird in dieser Zeit auch für Dorothee Sölle zu einem zentralen Anliegen. Denn auch wenn man »die Sonne nicht aufhalten kann«, sind doch Fortschritte und Siege der gerechten Sache mit Opfern verbunden, deren Leid nicht nur betrauert, sondern mitgetragen werden muss. In den vielfältigen Aktionen der Solidarität schließlich wurden Gewalt und Leiden immer wieder auch existenziell selbst erfahren. Dorothee, die in den Solidaritätsbewegungen für Lateinamerika und in den Basisgemeinden dieser Länder selbst engagiert ist, schreibt rückblickend: »Die Theologie der Befreiung lehrte mich, die Bibel nicht nur als einen Ruf zu verstehen, Gottes Willen in einer Welt der Ungerechtigkeit zu tun, sondern sogar als den Ruf,

Diskriminierungen, Schwierigkeiten und das Martyrium in Kauf zu nehmen. ›Wer sein Leben behalten will, der wird es verlieren‹ heißt, das Risiko des Widerstands bewusst einzugehen ... Gegen die Art, wie unsere Lebensgrundlagen zerstört, die Armen dem Tod ausgeliefert und ein so genannter Frieden auf der Herrschaft des Wahnsinns aufgebaut wird, ist Widerstand notwendig. Man kann eigentlich nur Christ werden, in Christus hineinwachsen, indem man in eine Bewegung des Widerstands hineinwächst«.[1] In den Texten Dorothee Sölles aus den 70er-Jahren spiegeln sich die Kämpfe und Leiden dieser Zeit in vielfältiger Weise wider. Sie erinnern daran, mit wie viel Hoffnung auf Veränderung, mit wie viel revolutionärer Begeisterung und Opferbereitschaft diese Jahre verbunden waren, aber auch mit welcher Gewalt die lateinamerikanischen Befreiungsbewegungen verfolgt und zerschlagen wurden. Am 11. September 1973 bombardiert die chilenische Luftwaffe die Moneda, den Regierungssitz der chilenischen Regierung und des sozialistischen Präsidenten Salvador Allende. Er ist der erste Präsident einer demokratisch gewählten Volksfrontregierung aus Sozialisten und Kommunisten, die auch von einer kleinen christlichen sozialistischen Partei unterstützt wird. Ihre Politik radikaler sozialer Reformen ist das erklärte Angriffsziel der USA und der multinationalen Konzerne. In einer gemeinsamen Aktion der Geheimdienste und des chilenischen Militärs wird sie gewaltsam beendet. Präsident Allende, dem im Fall seines Rücktritts ein freier Abzug aus der Moneda und dem Land angeboten worden ist, wendet sich aus dem brennenden Palast über den letzten freien Radiosender an die Öffentlichkeit: »Landsleute! Es ist sicherlich das letzte Mal, dass ich mich an Sie wende. Die Luftstreitkräfte haben die Sendeanlagen von Radio Portales und Radio Corporaciòn bombardiert ... Angesichts dieser Tatsachen kann ich den Werktätigen nur eines sagen: Ich werde nicht zurücktreten. In eine historische Situation gestellt, werde ich meine Loyalität gegenüber dem Volk mit dem Leben bezahlen ... Werktätige meines Vaterlandes! Ich möchte euch danken für die Loyalität, die ihr mir erwiesen habt, für das Vertrauen, das ihr in einen Mann gesetzt habt, der nur der Dolmetscher der großen Bestrebungen nach Gerechtigkeit war. In diesen düsteren und bitteren Augenblicken, in denen sich der Verrat durchsetzt, sollen Sie wissen, dass sich früher oder später, sehr bald, erneut die Straßen auftun werden, auf denen der würdige Mensch dem Aufbau einer besseren Gesellschaft entgegengeht. Es lebe Chile! Es lebe das Volk! Es leben die Werktätigen! Dies sind meine letzten Worte, und ich habe die Gewissheit, dass mein Opfer nicht vergeblich sein wird.«[2]

Mit der Zerschlagung der sanften chilenischen Revolution nehmen die Auseinandersetzungen auf dem lateinamerikanischen Kontinent an Militanz und Gewalttätigkeit zu. Gleichzeitig stellen sich immer deutlicher Theologen und Bischöfe hinter die Theologie der Befreiung und die überall entstehenden Basisgemeinden, die sich zur Parteinahme für die Armen und zur Notwendigkeit gesellschaftlicher Veränderungen bekennen. Sie werden bald in die ideologische und militärische Schusslinie konservativer Kräfte in Kirche und Gesellschaft geraten. Dom Helder Camara, zu dieser Zeit Bischof in Brasilien, bringt es auf den Punkt: »Gebe ich den Armen zu essen, sagen sie: ein Heiliger! Frage ich, warum die Armen nichts zu essen haben, sagen sie: ein Kommunist!« Die Befreiungskirchen unterstützen soziale Bewegungen, Landbesetzungen, Menschenrechtsgruppen – und haben bald selbst tausende von Märtyrern zu beklagen.

Die Bewegung »Christen für den Sozialismus«, der sich auch Dorothee Sölle angeschlossen hat, reagiert auf den Militärputsch in Chile mit einem Politischen Nachtgebet

Das Schicksal der Märtyrerkirche in El Salvador und ihres Bischofs Oscar Arnulfo Romero, der »schmutzige Krieg« in Kolumbien und Guatemala, all das findet seinen Niederschlag in Gedichten, Reportagen und Heiligenlegenden, mit denen Dorothee Sölle ihre Verbundenheit mit den Menschen dieses Kontinents zum Ausdruck bringt. In diesen Texten wird der leidende und gekreuzigte Christus noch einmal neu zum Ausdruck gebracht. Zugleich wird ein weiterer Aspekt der Christologie entwickelt. Neben die Stellvertretungschristologie tritt die Solidaritätschristologie, in der Christus nicht nur der solidarisch Mitleidende ist, sondern auch selbst Solidarität braucht und erhofft. In dieser Solidarität mit dem leidenden Christus wird Nachfolge neu definiert. Schon Bonhoeffer hatte in einer ähnlichen Situation des Widerstehens und Leidens aus der Gefängniszelle geschrieben: »Könnt ihr nicht eine Stunde mit mir wachen, fragt Jesus in Gethsemane. Das ist das Gegenteil von allem, was sich der religiöse Mensch von Gott erwartet. Nicht der religiöse Akt macht den Christen, sondern das Teilnehmen am Leiden Gottes im weltlichen Leben.«[3] Mit Christus in Gethsemane sein wird hier zum Urbild der Compassio. Als im Jahr 1977 die junge Sozialarbeiterin Elisabeth Käsemann wie tausende andere in den Folterzentren der argentinischen Militärjunta verschwindet und elend umkommt, schreibt Dorothee Sölle das Gedicht »Bericht aus Argentinien«[4]:

D sagt es ist eine regel im untergrund
daß du zwei tage schweigst unter der folter
das gibt den genossen zeit
zwei tage frage ich heißt das auch zwei nächte
ja sagt sie sie arbeiten schicht

O gott sag ich wenn ich allein bin
falls du der erinnerung fähig bist
geh zu denen unter der folter
mach sie stark
und erbarm dich derer
die früher sprechen

O jesus sag ich wenn wir zusammen sind
du warst donnerstag und freitag unter der folter
du hast keinen namen preisgegeben
du bist lieber gestorben

Du hast die großtechnologie des großgottes
nicht angewandt
sonst wären
alle unsere namen verraten
und macht immer noch allmacht
technologie noch immer alltechnologie

D sagt
es ist eine regel im untergrund
daß du zwei tage schweigst unter der folter
und was tun wir frage ich mich
zwei tage und zwei nächte in gethsemane
und was
tun wir

In diesen dramatischen Jahren erscheint in der Reihe »Themen der Theologie« Dorothee Sölles Buch »Leiden«. Es ist eines ihrer dichtesten und wichtigsten Bücher. Es verbindet die Frage nach der Existenz Gottes im Leiden mit dem Versuch, den traditionellen Begriff der Passion nicht nur passiv als Erleiden, sondern aktiv als Leidenschaft zu begreifen und damit die Passion Jesu nicht als Sühneopfer, sondern als einen Akt leidenschaftlicher Hingabe zu erkennen. Mit dem Hinweis auf die Christologie des Johannesevangeliums, nach der Gott selbst in Christus erscheint, wirkt und leidet, ist der gekreuzigte Christus das Symbol der leidensbereiten Liebe Gottes, der selbst ohnmächtig und der menschlichen Hilfe bedürftig wird. Auch hier knüpft Sölle an Gedanken Bonhoeffers an: »Der Gott, der bei uns ist, ist der Gott, der uns verlässt ... Vor und mit Gott leben wir ohne Gott. Gott lässt sich aus der Welt herausdrängen ans Kreuz. Gott ist ohnmächtig und schwach in der Welt und gerade und nur so ist er bei uns und hilft uns ... Hier liegt der entscheidende Unterschied zu allen Religionen. Die Religiosität des Menschen verweist ihn in seiner Not an die Macht Gottes ... Die Bibel verweist den Menschen an die Ohnmacht und das Leiden Gottes.«[5] Der damit verbundene Gedanke der Mündigkeit der Menschen und ihrer Fähigkeit zum aktiven Mit-Leiden mit Gott und seinen Geschöpfen wird bei Sölle weiter ausgeführt. Sie unterscheidet in der Tradition Thomas Müntzers die »Märtyrer Gottes«, deren Leiden dem Leben dienen, von den »Märtyrern des Teufels«, die ergeben die herrschenden Gewaltverhältnisse hinnehmen, und fährt fort: »Wenn die wichtigste Frage an das Leiden die ist, wem es dient, Gott oder dem Teufel, dem Lebendigwerden oder der Erstarrung, der Leidenschaft des Lebens oder der Zerstörung dieser Leidenschaft, dann erscheint die andere Frage an das Leiden, nämlich die der Theodizee, überholt. Der allmächtige Herrscher, der Leid verhängt oder aus Leiden befreit, hat dann seine alles überragende Bedeutung verloren. Wer sein Leiden auf einen Allmächtigen, Fremden, Allesverhängenden gründet, der muß vor die Frage nach der Gerechtigkeit dieses Gottes kommen – und er muß an ihr scheitern ... Wie immer Menschen an diesem als heteronom erfahrenen Gott scheitern, der das Unrecht zuläßt, als sei er von unseren finsteren Instinkten besessen – es sind Menschen, die zu viel von Gott, zu wenig von sich selber halten.«[6] In dem freiwillig aufgenommenen Leiden für die gerechte Sache sieht Sölle die Passion Jesu immer neu gegenwärtig. Sie vergleicht die Abschiedsreden im Johannesevangelium mit den letzten Briefen zum Tode Verurteilter aus dem europäischen Widerstand und stellt die Aussagen dieser zumeist kommunistischen Männer und Frauen auf eine Ebene mit dem Bewusstsein Jesu: »Angstfreiheit, Gewissheit und Stärke lassen sich aus diesen Briefen entnehmen. Sie stammen aus der Anteilhabe an einer Sache, die größer ist als die Menschen, die an ihr arbeiten und dabei sterben: Wie der Mensch Jesus litt, bedeutet eine Stärkung, eine Darstellung menschlicher Möglichkeiten, eine Hoffnung auf Humanisierung auch unseres Leidens ... Die Passion Jesu ist der Inbegriff eines solchen freiwillig übernommenen Leidens. Sie ist Leiden an der ›Welt‹, an der Gesellschaft, die sich Jesu Anspruch nicht stellen will; sie ist auch Passion im modernen Sinn: Leidenschaft für das Unbedingte ... Von Natur aus trifft uns das Leiden so, daß es uns zu ›des Teufels Märtyrern‹ macht; Angst, Verstummen, Aggression und blinder Haß werden durch Leiden bestätigt und wachsen weiter. In Christus, das heißt in der nicht selbstverständlichen wahren Möglichkeit des Menschen, betrifft uns das Leiden so, daß es unsere Selbstgewißheit, unseren Trotz, unsere Stärke herbeiruft: unsere Einheit mit der Liebe ist unwiderruflich. Leiden lernen, ohne des Teufels Märtyrer zu werden, heißt, im Bewußtsein der Einheit mit dem Ganzen zu leben. Die so Leidenden sind unzerstörbar. Nichts kann sie scheiden von der Liebe Gottes.«[7]

Für julia esquivel

Im park lese ich deine gedichte julia
und seufze wenn du vom quetzal sprichst
der die sprache verlor so erzählen die indios
als die spanier ins land eindrangen
der tropenvogel den ich gern einmal sähe
in der zeit die ich noch hier bin

Und schüttele murrend den kopf
wenn du die poesie
mit der geographie verwechselnd
die namen ermordeter völker
und die orte der massaker
nicht müde wirst auszurufen
schöngefärbter vogel julia
den ich nie gesehen hab
in der zeit die ich hier bin

Ach was tu ich denn anders
sag immer wieder buchenwald und terezin
wörter wie lidice die niemand hören will
füg auch mutlangen hinzu
und greenham common
wie du ruf ich dem quetzal julia
den ich gern einmal sähe
in der zeit die ich noch hier bin

Dorothee Sölle[8]

Hinreise

Im Frühjahr 1975 sitzt Dorothee vier Wochen in einem einfachen Haus in Cinqueterre in Italien und schreibt »Texte und Überlegungen zur religiösen Erfahrung«. Es ist wohl der Versuch einer Zwischenbilanz, ein Rückzug auf die Frage nach der eigenen Identität. Hinter ihr liegen aufregende, aber auch aufreibende Jahre persönlicher und politischer Entwicklungen, das Politische Nachtgebet, die Entwicklung hin zu den »Christen für den Sozialismus«, die Auseinandersetzungen mit den konservativen Autoritäten in Kirche und Universität. Was sie nun bewegt, ist in dem kurzen Vorspruch des Buches mit dem Titel »Hinreise« zusammengefasst: »Die ›Reise‹ ist ein altes Bild für die Erfahrungen der Seele auf dem Weg zu sich selbst. Die ›Hinreise‹, die in Meditation und Versenkung angetreten wird, ist die Hilfe der Religion auf dem Weg der Menschen zu ihrer Identität. Christlicher Glaube akzentuiert die ›Rückreise‹ in die Welt und ihre Verantwortung. Aber er braucht eine tiefere Vergewisserung als die, die wir im Handeln erlangen: eben die ›Hinreise‹.«[1]

Noch einmal geht Dorothee zurück in ihre Urängste und Sehnsüchte, an den Beginn der großen Suche, die zum Theologiestudium führte: »Ich war nicht ›religiös‹, ich hatte kein Gebetsleben, keine besondere Beziehung zu irgend etwas Übernatürlichem, schon gar keine Beziehung zur Kirche, ich wollte ›die Wahrheit‹ wissen, ich hatte sie in der Philosophie nicht gefunden, jedenfalls nicht sinnlich und praktisch genug. Ich hatte die Vorstellung, daß ich mein Leben nicht nur mit Arbeit und Konsum verbringen könne, mein Leben sollte eine Richtung haben ... Wenn ich versuche, Worte für diese unbestimmten Wünsche zu finden, so fallen mir ein:

Ganz sein – nicht zerstückelt leben
Heil sein – nicht zerstört
Heil machen – nicht kaputtmachen
Hungern nach Gerechtigkeit – nicht satt sein in der Ungerechtigkeit
Authentisch leben – nicht bewußtlos-apathisch
In den Himmel kommen – nicht in der Hölle bleiben.«[2]

Satt sein in der Ungerechtigkeit – das ist »der Tod am Brot allein«, Selbstverachtung und Entfremdung sind Gottlosigkeit, authentisches Leben ist heil sein und ganz sein, »nicht später« und »drüben«, sondern »hier und jetzt«. Dass die Überwindung von Entfremdung und Zerstückelung die polit-ökonomischen Bedingungen ihrer Entstehung berücksichtigen muss, das ist Dorothee inzwischen bewusst. Aber der politische Aktionismus ist ihr suspekt geworden. Auch richtiges und notwendiges Handeln in der Welt braucht eine spirituelle Dimension. Schon immer hat sie sich für die Mystiker interessiert, jetzt werden sie ihr zunehmend wichtig. Am 31. März 1975 schreibt sie aus Italien an Luise Schottroff:

»Liebe Luise, liebes altes Scheusal,

heute nacht bist Du mir im Traum erschienen und hast leise, aber energisch gesagt: ›Das geht so nicht!‹ Du hattest die Haare ganz komisch hoch toupiert, an der Seite sah man ein Stück Kopfhaut. Was das bedeutet, weiß ich nicht – außer vielleicht, daß sich Dir die Haare sträuben vor Entsetzen ?

Ich befinde mich auf mystischen Abwegen! Vielleicht habe ich zuviel von dem Zeug gelesen und mich an der ›suezze Gottes‹ berauscht, aber mir kommt der Materialismus im Marxismus im Augenblick so dumm, kleinkariert und zu falschen Konsequenzen führend vor (was er in der undialektischen Form, wie er uns meist begegnet, ja auch ist!) und die ›innere Welt‹ der Religion, des Mythos, so verlockend, wahrscheinlich hast Du mich deshalb getadelt ... Ich sitze hier auf meiner Terrasse, vor mir das Meer, hinter mir die Weinberge, darüber die heute etwas wolkige Sonne. Ich habe diese Religionsvorlesung, mit noch etlichen Löchern, zusammengestrickt, am liebsten wär mir, Du hörtest sie mit.«[3]

Luise Schottroff und Dorothee Sölle sind inzwischen – und bis zuletzt – füreinander die »beste Freundin«. Sie teilen wesentliche Interessen und Erfahrungen miteinander. Beide sind Theologinnen, die sich politisch engagieren, beide sind Wissenschaftlerinnen, die Beruf und Familie miteinander verbinden. Beide haben in unterschiedlicher Weise Anfeindungen und Behinderungen erlebt. Und beide haben Ehemänner, die sie in ihrer Arbeit und ihren öffentlichen Auseinandersetzungen unterstützen. Sie hatten von Anfang an einen Lebensstil, der erst eine Generation später wirklich lebbar war, und sie unterstützen sich nun gegenseitig in diesem ungewöhnlichen Lebensexperiment. Die beiden Paare besuchen einander häufig und ohne konventionelle Umstände, tauschen sich aus über Lebensformen und Kindererziehung, sind in den gleichen theologischen und politischen Zirkeln zu Hause. Luise kommt aus einer ganz anderen Welt, einem Pfarrhaus aus der Umgebung von Berlin und aus der Tradition der Bekennenden Kirche. Sie bringt noch einmal einen ganz anderen Ton in die Diskussion. Dorothee charakterisiert sie in ihren Erinnerungen: »Die Neutestamentlerin und feministische Befreiungstheologin Luise Schottroff hat mir geholfen, die Bibel mit Genauigkeit und Begeisterung lesen zu lernen … Sie lachte mit mir, wenn die Männer gar zu arrogant einhergockelten; sie weinte mit mir, als die Fische im Rhein starben. Ihr preußischer Realismus blickt leicht indigniert auf meine spirituellen Ausflüge – und mein rheinischer Lebensmut kratzt an ihrem Mißtrauen. Ihre Beharrlichkeit hat mich immer von neuem in diesem unserem Mutter-Land verwurzelt.«[4]

Luise Schottroff ist Exegetin, sie bringt Dorothee dazu, die biblischen Texte ernst zu nehmen, sie genauer zu lesen und auszulegen, anstatt mit ihnen ihre theologischen und philosophischen Gedankengänge einfach nur aufzufüllen. Dorothee Sölle ist in der systematischen Theologie zu Hause, denkt eher in philosophischen und psychologischen Kategorien mit Expeditionen in die Mystik. Luise sagt von ihr: »Sie hat es mir ermöglicht, nicht nur Theologin, sondern Christin zu sein, im Sinne von ›Wir sind (auch und anders) Kirche!‹«[5] In ihrer theologischen Arbeit ergänzen sich die genaue Bibelarbeiterin und die abhebende Gedankenakrobatin perfekt. Ihre gemeinsamen Bibelarbeiten und Bücher haben weit über Kirchen und Gemeinden hinaus theologische Aufklärungs- und Basisarbeit geleistet.

Nun also sitzt Dorothee am Mittelmeer und schreibt Luise, die es immer an die Nordsee zieht, wie es um sie bestellt ist. Sie liest das »Büchlein der Ewigen Weisheit« des mittelalterlichen Ordensgeistlichen Heinrich Seuse und findet dort eine »praktische, nichtspekulative Mystik, Lebensanleitung und Glaubensunterweisung«.[6] Auf der Suche nach Heilwerden und Ganzheit stellt sie fest, dass sich Identität nicht einseitig durch Arbeit, Aktion und Anstrengung erreichen lässt. »Mit sich identisch werden heißt ..., über ›sich‹ als Vorfindlichen hinausgehen! ... Identität gewinnen heißt, dieses Ich transzendieren.«[7] Das aber geht nur im Sich-Hineingeben in eine transzendente Welt und Kraft, in die Wirklichkeit Gottes. Als Beispiel für diesen Weg nennt sie den Psalm 139: »Herr, du erforschest mich und kennest mich ... Erforsche mich Gott und erkenne mein Herz.« »Der 139. Psalm spricht unmittelbar über die Identität des Menschen. Er ist eine einzige Antwort auf die Frage: Wer bin ich? Was suche ich hier auf der Welt? Wohin führt mein Leben? Woher komme ich? Was bedeutet es, daß ich da bin? ... Ich lebe nicht aus meinen eigenen Kräften, ich bin nicht autark, sondern angewiesen; ich allein hätte kein Leben, das diesen Namen verdient, aber ich mit Gott habe Leben. Was bedeutet das Wort Gott hier? Vielleicht ist es gut, noch einmal an das Sich-fallen-Lassen und Sich-Entsinken der Mystiker zurückzudenken. Der Beter dieses Psalms hat sich in die äußerste Tiefe fallenlassen, er ist jetzt inmitten der Geborgenheit, vollständig umgeben und eingehüllt von Gott.

Wer bin ich? Die Antwort lautet: Gott kennt mich besser, als ich mich selber kenne, er kennt mich anders, als meine Umwelt mich kennt, länger und tiefer als alle, die etwas von mir wissen. Das bedeutet, daß meine Identität mehr ist, mehr sein kann, als das, was jetzt schon von mir bekannt ist. ›Und ist noch nicht erschienen, was wir sein werden‹ (1. Joh 3,2). Es bedeutet, daß jeder Mensch ein Geheimnis ist, das in der sozialen Identität nicht aufgeht. Jeder Mensch ist ein Mysterion, etwas, das ich nur verstehe in der Vereinigung mit ihm. Liebe bedeutet nicht nur, den anderen zu entdecken, es bedeutet auch, den anderen in seiner unergründlichen Tiefe wahrzunehmen, in seiner Unzerstörbarkeit, eben in seinem von Gott Erkanntsein.«[8]

Dorothee Sölle ist eine der meist beachteten Theologinnen ihrer Zeit, doch ein akademischer Lehrauftrag blieb ihr in Deutschland zeitlebens verwehrt

In dieser Zeit schreibt Dorothee das »gedicht von der eiszeit/von dem einundfünfzigsten psalm/von der kleinen meerjungfrau und von dir«[9] und schenkt es ihrem Mann zum Geburtstag. Es spiegelt wohl in verschlüsselter Form auch eine Lebenskrise wider, die Frage: Wer bin ich, und wie geht es weiter? Die Familie ist gerade nach Hamburg umgezogen, die beiden älteren Kinder gehen aus dem Haus. Fulbert hat eine Professur für Religionspädagogik an der Universität in Hamburg angenommen; hier wird eine neue Heimat entstehen, die jedoch für Dorothee zuerst einmal fremd bleibt. In ihrer Arbeit ist sie nicht unmittelbar mit den Menschen vor Ort verbunden. Sie bewirbt sich an der Bremer Universität für einen Lehrauftrag, wird aber auch dort abgewiesen. Die Meditation über Psalm 51: »Schaffe in mir, Gott, ein reines Herz und gib mir einen neuen, beständigen Geist«, ist ein einziges Sehnen nach einem Herz ohne Angst und dem »Morgen Land, den wir noch brauchen«, nach der Wärme einer unzerstörbaren Beziehung und einer heimatlichen Erde.

Schaffe in mir, gott, ein anderes herz
wärmer als die eiszeit
gib mir die kraft zum schwimmen
eingetaucht im pool
getragen denk ich könnt ich mehr tragen
ich möchte daß meine klarheit wächst
aber es wächst nur täglich
meine angst um dich
verbündet mit meiner angst
vor dir
…
Ich möchte, daß meine wärme wächst
aber es wächst nur täglich

meine angst vor dir
immer wenn der winter kam
das war wie zwischen uns
die sonne sprach nicht mit der erde
die erde versteckte alles was sie hatte
nicht einmal die farne rollte sie auf
und wußte nicht wohin mit den kleinen weißen
und den sumpfgoldenen blumen
ihr könnt nicht heraus sagte sie
er schlägt euch tot sagte sie
da gibt's nichts zu lachen sagte sie

Schaffe in mir gott ein herz ohne angst
und gib mir wenn du schon dabei bist andere füße
ich will nicht auf tausend messern gehen
das stolpern das hinschlagen das bluten
ich will nicht immer nur zu vermeiden suchen
statt mit dem pfeilgeraden schlag meiner rückenflosse
mich vorzuschnellen wie früher
...
Schaffe in mir gott andere füße
den neuen gang

Schaffe in mir gott ein herz ohne angst
ist nicht die erde dageblieben unter der eiszeit
konnte sie auch emigrieren
ist sie geblieben hat sie gewartet

Ich möchte daß meine liebe wächst
wie die erde unter dem eis
die sich bewegt und dort bleibt
die sich zurücknimmt und kleinmacht
und bleibt
länger als jeder winter

Mit dir singen möchte ich wieder
nicht nur zuhören oder mich ganz vergessen in tönen
ich möchte mit dir gedächtnis haben
und den morgen land den wir noch brauchen

Es wird kälter wenn du allein für dich ißt
wenn du allein trinkst
wenn du dich zudeckst
mit trauer

Schaffe in mir gott die erde[10]

Leaving my mother's home and my father's country

Im Sommer 1974 reist eine Art Kundschaftergruppe aus den Vereinigten Staaten durch die Bundesrepublik Deutschland. Es sind Professoren und Studierende des *Union Theological Seminary* in New York, die Erkundigungen über eine zukünftige Professorin für das »Union« einholen sollen. Zu dieser Zeit gibt es noch nicht viele Frauen, die dafür in Frage kommen. Beverly Harrison, die erste Professorin am »Union«, hatte den Vorschlag eingebracht, die bekannte und umstrittene deutsche Theologin Dorothee Sölle für eine Gastprofessur zu gewinnen. Bevor man aber an sie selbst herantritt, möchte man sich über sie informieren. Die Kundschafter treffen Vertreter von Kirchen und Universitäten und kommen zurück mit der Auskunft: »Dorothee Sölle wird in Deutschland nie ein Lehramt kriegen können, aber alle Theologinnen und Theologen lesen sie.«[1] Genau die Richtige also für das »Union«.

Tom Driver, damals Professor für Theologie und Literatur, war an dieser Aktion beteiligt und erinnert sich auch an die darauf folgenden Gespräche mit Dorothee Sölle und ihrer Familie. Man vereinbart ein Probejahr, in dem sie mit ihrem Mann und den Kindern in New York leben und arbeiten soll. Dann wird man weitersehen. Am »Union« ist man gespannt auf die Gastprofessorin mit dem interessanten Image. Sie soll politisch sein, aber auch fromm – hoffentlich nicht allzu fromm!

Das *Union Theological Seminary* ist das einzige theologische Seminar, das nicht mit einer Kirche verbunden ist. Gegründet wurde es 1836 und wurde bald zu einem führenden Zentrum der liberalen Theologie in den Vereinigten Staaten. Die theologischen Seminare gehören dort in den zweiten Teil der theologischen Ausbildung. Hier lebt und lernt man nach dem Abschluss eines Universitätsstudiums. Viele Studierende am »Union« sind daher schon älter, manche haben bereits verschiedene andere Berufe oder Ausbildungen hinter sich, waren Lehrer oder Taxifahrer, Katechetinnen oder Sozialarbeiterinnen. Manche von ihnen sind Frauen, die ihre Berufslaufbahn für die Familie unterbrochen haben, andere sind Gäste aus der Ökumene, Stipendiaten aus Europa oder anderen Kontinenten. Sie kommen aus unterschiedlichen Regionen und Kirchen, haben unterschiedliche soziale Erfahrungen und religiöse Prägungen, aber ein gemeinsames Interesse: Sie wollen ihren christlichen Glauben im Kontext ihrer Lebenswelt praktizieren und eine aus dem Glauben begründete gesellschaftliche Verantwortung übernehmen.

Entsprechend liegt der theologische Schwerpunkt des Union Theological Seminary auf der Sozialethik. Sie wurde in den USA von Reinhold Niebuhr begründet, dem bekanntesten Theologen des Union, der sich wiederum der amerikanischen Tradition des *social gospel* verpflichtet fühlt. Diese von dem amerikanischen Theologen Walter Rauschenbusch und anderen entwickelte Tradition vertritt die Ansicht, dass die biblischen Gebote nicht nur als Anweisung für eine christliche Lebensführung des Einzelnen gedacht sind, sondern auch in soziale und politische Kategorien umgesetzt werden müssen. Für eine solche Umsetzung ist die Auslegung und Aktualisierung biblischer Texte ebenso unerlässlich wie der Dialog mit den modernen Kultur- und Gesellschaftswissenschaften. Mit dieser Position unterscheidet sich das »Union« grundlegend vom frommen amerikanischen Fundamentalismus, aber auch von der konservativen lutherischen Tradition der Trennung von Glaube und Politik, wie sie noch weitgehend in Deutschland vorherrschte. Auch Dietrich Bonhoeffer, Niebuhrs berühmtester Student am »Union«, hatte diese lutherische Position einst vertreten, bis er in seinem Studienjahr in New York zu einer neuen Sicht der Bibel und der Praxis des Glaubens »bekehrt« wurde. Eine solche Bekehrung braucht Dorothee Sölle nicht. Im Übrigen ist sie zwar sehr fromm, das aber auf unkonventionelle Art und Weise. Sie passt perfekt in die *scene* am »Union« – und sie geht auch dorthin.

Ein Jahr lang wohnt sie mit Fulbert und den Kindern Mirjam und Caroline in der zum »Union« gehörenden *Mac Giffert Hall,* dem ehrwürdigen Wohnkomplex für Professoren und andere Mitarbeiter des Seminars. Das im neugotischen Stil erbaute »Union« liegt direkt gegenüber am oberen Broadway, im Bereich der *Columbia University,* aber auch in unmittelbarer Nachbarschaft von Harlem, dem schwarzen Getto. Dorothee ist begeistert von New York und ihrer Arbeit am Seminar. Mit ihrer Art, zu leben und zu lehren, mit ihrer politischen Theologie war sie in Deutschland das Ziel dauernder Angriffe, hier ist sie am richtigen Ort. Als ihr Mann den Ruf für eine Professur in Hamburg annimmt, beschließt sie, in New York zu bleiben – zumindest zur Hälfte. Das »Union« will sie auf jeden Fall behalten und willigt ein. Zehn Jahre lang wird sie im Sommersemester dort sein und im Winterhalbjahr nach Hamburg zu ihrer Familie zurückkehren.

Das ist für alle nicht einfach, für Dorothee aber trotzdem ein großes Glück. »Sie ist in dieser Zeit richtig aufgeblüht«, erinnert sich ihre Tochter Mirjam Steffensky. In der Lebensmitte noch einmal etwas Neues zu beginnen, ganz woanders zu sein, unangefochten so lehren zu können, wie es ihr entspricht, engagiert und emotional, scheint nicht nur sie selbst beglückt zu haben. Auch die Studierenden und die Weggefährten dieser Jahre erinnern sich an eine glückliche und inspirierende gemeinsame Erfahrung.

»She had a great thirst for life«, sagt Tom Driver, er kenne niemanden, der das Leben so geliebt habe wie Dorothee. Im »Union« ist *team teaching* bereits selbstverständlich, ihr erstes gemeinsames Seminar über Theologie und Literatur beschäftigt sich mit Bertolt Brecht. Dorothees Reden und Lehren war durchwoben mit Poesie, sagt Tom voller Bewunderung, es war »Theopoesie«.[2] Damit hatten deutsche Theologieprofessoren gar nichts anfangen können.

»Sie war fromm und militant«, sagt Janet Walton, Professorin für Kunst und Gottesdienst. Die beiden Frauen verbindet die Liebe zu Kunst und Musik, aber auch ihr Engagement für die Gestaltung der Gottesdienste, die an allen Seminartagen in der Mittagszeit stattfinden. Dorothee verpasst kaum einen dieser Gottesdienste, gestaltet sie mit, hält selbst oft die Andacht. Auch Janet erinnert sich an sie mit Liebe und Verehrung: *»What a woman she was!«* Dorothee habe eine Schönheit mitgebracht, die heute in der Kirche gebraucht werde, schreibt sie in ihrem Buch über Kunst und Gottesdienst, und sie sei zugleich unerbittlich gewesen, wenn es darum ging, die Ungerechtigkeit und Gier der westlichen Weltwirtschaftsordnung anzuklagen. Diese Unerbittlichkeit habe die Zuhörer zuweilen sprachlos gemacht und doch zugleich zu einer Antwort herausgefordert.[3] Eine ihrer ersten Andachten stand unter dem Motto: *»Leaving my mother's home and my father's country.«* Dort, in New York, weit weg von

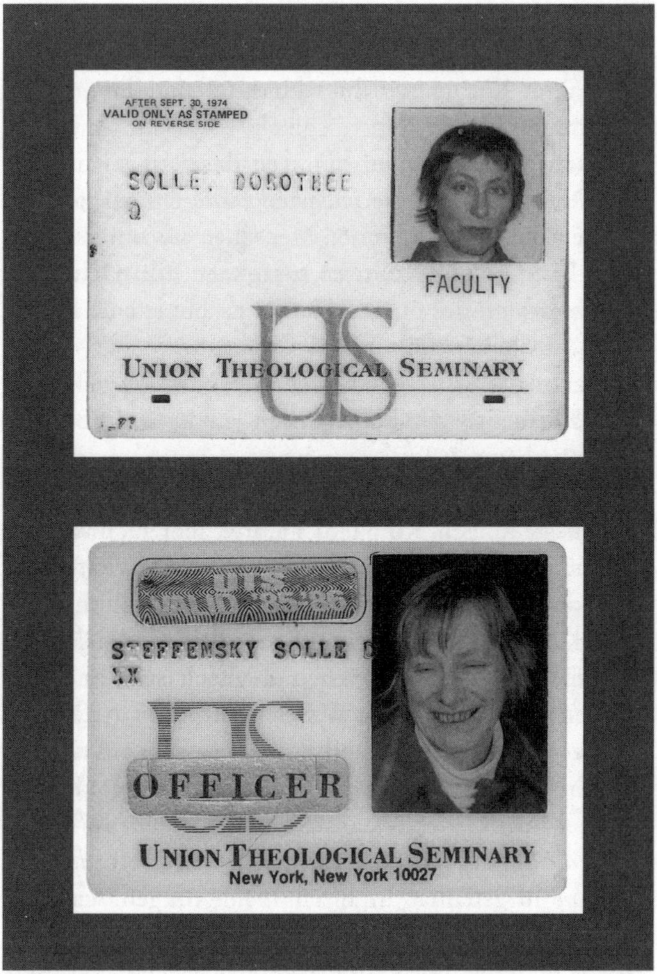

Die beiden Mitarbeiter-Ausweise des Union Theological Seminary *in New York dokumentieren den Beginn und das Ende der zwölfjährigen Universitätskarriere Dorothee Sölles in den USA*

ihrem Herkunftsort, macht sie noch einmal die Heimatsuche zu ihrem Thema. Sie ist ausgezogen aus ihrem Land, ihrer Kirche und ihrer Herkunftsfamilie – wo ist ein Ort zum Bleiben?

Manches deutet darauf hin, dass das Seminar und die Stadt New York für die nächsten Jahre ein solcher Ort gewesen sind. Hier kommen Menschen aus unterschiedlichen Ländern und Kulturen zusammen, allein schon die *neighbourhood* des oberen Broadway bietet eine Palette unterschiedlicher kultureller Erfahrungen. Wo findet man schon die Konzerthalle des *New York Philharmonic Orchestra* neben der kubanischen Jazzkneipe und dem Café Nussbaum & Wu?

Dorothee kann nicht genug bekommen von Konzerten und Ausstellungen, Kino und Theater, aber auch von den zahlreichen politischen und kulturellen Aktivitäten der amerikanischen »Graswurzelbewegungen«. Bald ist sie überall dabei, sie hat Verbindungen zu allen sozialen Bewegungen und ihren Aktivisten. Zugleich ist sie im engen sozialen Kontakt und im wissenschaftlichen Austausch mit ihren Studentinnen und Studenten, ihren Kolleginnen und Kollegen. Viele von ihnen treffen sich im Herbst 2003 bei einer Gedenkveranstaltung *In Memory of Dorothee Sölle* auf der Jahrestagung der *American Academy of Religion* in Atlanta. In ihren Erinnerungen wird die Atmosphäre der 70er- und 80er-Jahre noch einmal spürbar: die militanten Protestbewegungen gegen das konservative Amerika der Präsidenten Nixon und Reagan, die Solidarität mit den Befreiungsbewegungen Lateinamerikas, die Vereinigung der alten Bürgerrechts- und Friedensbewegung mit neuen sozialen Bewegungen von Feministinnen, Schwulen und Lesben und Greenpeace-Aktivisten. Und mitten darin Dorothee, lebenshungrig, streitbar, überall engagiert, immer in Bewegung. *»She* *was an urban guerilla«*, fasst ihre Kollegin und Freundin Beverly Harrison abschließend lapidar zusammen, aber auch: *»It was a raging against the dying of the light.«*[4]

Bei aller grundsätzlichen Militanz sei sie offen gewesen für alles, sie sei nicht dogmatisch in festgelegte Positionen eingeschlossen gewesen. *»She had open windows«*, sagt Janet, *»and she let the whole world come into her strong and fragile person.«* Stark und zerbrechlich, so haben sie viele amerikanische Freundinnen und Freunde in Erinnerung. Woher kamen diese Stärke und der Mut, sich so zu verausgaben, sich so ungeschützt mit staatlichen und gesellschaftlichen Autoritäten anzulegen? Die Solidarität der »Graswurzelbewegungen« und der liberale Schutzraum des »Union« mögen dazu beigetragen haben. Die entscheidende Kraftquelle aber sieht Janet Walton in der mystischen Dimension ihrer theologischen Existenz. Die Mystik durchzog ihr theologisches und politisches Denken, aus der mystischen Innerlichkeit schöpfte sie Kraft für ihre politischen Aktivitäten, Kampf und Kontemplation werden zu den entscheidenden Merkmalen christlicher Lebenspraxis.[5]

Mit ihrem Versuch, theologisches Denken, politische Aktivität und mystisches Empfinden zu vereinbaren, war sie in Deutschland kaum verstanden worden. In der kirchlichen und politischen Szene jener Zeit passte das in kein Schema. Am »Union« dagegen hält sie regelmäßig ein Seminar über Mystik mit berühmten Referenten aus den sozialen Bewegungen. Einer von ihnen ist der katholische Priester Daniel Berrigan, damals schon eine Ikone der amerikanischen Protestbewegung. Zusammen mit seinem Bruder Philipp und anderen christlichen Friedensaktivisten hatte er mit spektakulären Aktionen gegen den Krieg in Vietnam protestiert. Viele Jahre war er im Gefängnis, im Untergrund oder auf der Flucht. In den

80er-Jahren ist er Seelsorger an einer Sterbeklinik in New York und Gast in Dorothee Sölles Veranstaltungsreihe über »Mystik und revolutionäre Veränderung«. »Am Abend kam Daniel Berrigan in meine Klasse über Mystik. Dieser Kurs macht mir viel Freude. Wir versuchen den Zusammenhang zwischen verschiedenen Formen des mystischen Denkens und der gesellschaftlichen Praxis der mystischen Denker herauszufinden … Ich hatte Daniel Berrigan zum Thema ›Mystik und Widerstand‹ eingeladen. Fast scheu wirkt er, wortkarg, sehr bemüht, alle Klischees zu vermeiden … Sehr ›down to earth‹, was ›mit beiden Beinen auf dem Boden stehend‹ nicht ganz wiedergibt. Ich meine die Einfachheit eines Poeten und Widerstandskämpfers, der sich sehr wohl komplex, assoziationsreich, mitunter ›dunkel‹ artikuliert, … der es aber vorzieht, einfach, biblisch und handlungsorientiert zu sprechen … Die Mystik der Armut ist sein Thema: ›Je näher wir denen sind, die die Bibel schrieben, desto mehr sind wir in Christus.‹«[6] Die Diskussion mit Berrigan ist heftig und kontrovers. Er hält, im Gegensatz zu vielen kirchenkritischen Seminarteilnehmern, die Kirche für die einzige Organisation, in der noch freie öffentliche Kommunikation möglich sei, während die staatlichen Institutionen zunehmend korrumpiert und militarisiert seien. Der entscheidende Bezugspunkt einer solchen Widerstandskirche ist der gekreuzigte Christus: »Wo finden denn öffentliche Aktion und Mystik zueinander, fragt ein Student. Sie treffen sich in Christus. Aber Christus ist nicht ohne Kontext – sondern am Kreuz.«[7]

Dass die Mitte der Kirche der gekreuzigte Christus sein muss, hatte bereits Dietrich Bonhoeffer in der Situation des Kirchenkampfes der entstehenden Bekennenden Kirche ins Stammbuch geschrieben. Die Nachschrift seiner 1933 in Berlin gehaltenen Christologievorlesungen wird in Deutschland bis heute wenig beachtet, gehört aber unter der Überschrift *Christ the Center* in Amerika zu Bonhoeffers bekanntesten Texten.[8] Gut möglich, dass sich hier, in einer politischen Christologie von unten, das widerständige Christentum aller Zeiten wiedertrifft. Immer wieder wird Dorothee Sölle in New York noch auf weitere Spuren Dietrich Bonhoeffers stoßen, nicht zuletzt bei den Gottesdiensten der schwarzen Gemeinden im nahe gelegenen Harlem. Diese hatten bereits dem damals ziemlich elitären jungen Theologen ein entscheidend neues Gefühl von Kirche mitgegeben. In ihnen empfindet die Theologin Dorothee Sölle, die zu Hause in die traditionelle Kirchlichkeit einfach nicht passt und von dieser auch ständig beargwöhnt wird, die fehlende soziale und emotionale Beheimatung in einer Kirche in besonderer Weise: »Seit langer Zeit gehe ich mal wieder nach Harlem in die schwarze Kirche, Canaan Baptist Church. Einige dieser sehr sentimentalen Melodien werden durch den Beat und die elektrische Orgel am Leben erhalten. Der schleppende Gesang, die Trauer darin – er bringt die großen Gefühle hervor: Vertrauen, Hoffnung, Stärke – ›there is power, there is power, there is power in the blood of he lamb‹. Ich weine und frag' mich, warum? Ein Grund: Ich kann mir eine weiße deutsche Gemeinde nicht vorstellen, die soviel Heimat, Gemeinschaft, Verantwortlichkeit ausdrückt. Als wären wir alle verkrüppelt. Aber es gibt sicher noch mehr Gründe zu weinen …«[9]

Fliegen lernen

Im vierten Jahr des New Yorker Experiments erscheint von Dorothee Sölle der Gedichtzyklus »Fliegen lernen«; zusammen mit ihrem »New Yorker Tagebuch« geben diese Texte am unmittelbarsten Auskunft über persönliche Erlebnisse, Empfindungen und Gedanken.[1] Dazu geben die Erinnerungen von Freundinnen und Freunden insgesamt ein sehr lebendiges, aber auch widersprüchliches Bild ab von einer Frau in der Lebensmitte, die fliegen lernen will, aber oft auch das Gefühl hat, »auf tausend Messern« zu gehen.

Zuerst sind da die Erzählungen von einer Dorothee Sölle, die in das freundliche liberale »Union« einbricht wie ein Wirbelwind. Christopher Morse, Professor für Dogmatik, gibt mit ihr zusammen Kurse über »Gotteslehre«. Er ist eher von der konservativen Fraktion, verehrt die großen deutschen Theologen Schleiermacher und Barth. Karl Barth, der bekanntlich für sein theologisches Werk die Zuarbeit von Frauen durchaus schätzte, hatte Dorothee Sölles eigenständiges theologisches Denken bereits abschätzig kommentiert: »Frauenzimmertheologie!« Sie gehöre zu den Frauen, denen der »gesegnete Apostel« Paulus das Wort in der Gemeinde zu Korinth verboten habe, ließ er seinen amerikanischen Kollegen wissen. Nun müssen die beiden ein Gespann bilden, und Christopher Morse ist von ihrer Klugheit und Gelehrsamkeit überrascht. Sie streiten sich politisch und theologisch, aber mit Achtung und Fairness. Im »Union« verfolgt man gespannt den Fortgang der Kurse und fragt sich, wie lange das gutgeht. In Anlehnung an T. S. Eliots Wort, dass die Welt nicht mit einem »Knall«, sondern mit einem »Wimmern« untergehen werde, fragt Tom Driver nach dem Ende eines Kurses: mit »Knall« oder mit »Wimmern«? Auf die Antwort: »sowohl als auch«, lautet sein trockener Kommentar: *»So, who is the wimper and who is the bang?«*[2]

Schwer vorstellbar, dass man unter Professoren einer deutschen theologischen Fakultät so locker miteinander umgeht. Kaum vorstellbar ist auch die Liberalität, mit der man sich am »Union« Positionen leistet, für die man in der Bundesrepublik der 70er-Jahre Berufsverbote verhängte. Donald Shriver, Professor für theologische Ethik und damals amtierender Präsident, erinnert sich an eine Podiumsdiskussion, bei der Dorothee Sölle mit ausgesprochen radikalen Worten das kapitalistische System angriff und die New Yorker Börse als das satanische »Tier aus dem Abgrund«, den Gegenspieler Gottes in der Johannesapokalypse, bezeichnete – und in der ersten Reihe saßen die Hauptsponsoren des »Union«, fast alle Broker von der Wall Street. »Ist dir eigentlich klar, dass die Leute von der Börse gerade die Gelder für deinen Lehrstuhl bewilligt haben?«, fragt Don Shriver. »Das will ich gar nicht so genau wissen«, sagt Dorothee in solchen Fällen; Realpolitik und Diplomatie überlässt sie lieber anderen. »Solche radikalen Menschen muss es auch geben«, sagt der ehemalige Präsident, »eine theologische Institution muss eine Prophetin ertragen können.«[3]

Schwieriger ist der Konflikt, der sich bei einem Gastvortrag von Fleming Rutledge, einer ehemaligen Studentin des »Union«, entzündet. Sie vertritt ihren traditionellen pietistischen Christusglauben so massiv, dass Dorothee empört »Christofaschismus« dazwischenruft. Der Begriff macht schlagartig die Runde und wird für ein ganzes Semester zum Mode- und Reizwort am »Union«. In einem Paper, das Dorothee Sölle für diese Diskussion entwirft, stellt sie klar, was mit diesem polemischen Begriff gemeint ist: »Für den Christofaschismus ist charakteristisch, daß in ihm alle Wurzeln, die das Christentum im Alten Testament, in der jüdischen Bibel hat, abgeschnitten sind. Keine Rede von Gerechtigkeit, keine Erwähnung der Armen, denen Gott zur Hilfe kommt, wenig über Schuld und Leiden, keine Hoffnung auf das messianische Reich. Hoffnung wird vollständig individualisiert, auf den persönlichen Erfolg zurückgeschraubt. Der vom Alten Testament abgelöste Jesus wird zu einer Sentimentalität. Die inhaltslose Wiederholung seines Namens wirkt wie eine Droge, sie verändert niemanden und nichts ... Diese Art von Religion kennt das Kreuz nur als magisches Symbol dessen, was Er für uns getan hat, nicht als Zeichen des Armen, der als Politkrimineller zu Tode gefoltert wurde, wie Tausende heute, die für seine Wahrheit einstehen ...«[4]

Diese Sätze sind Teil einer Polemik gegen eine Religiosität, die in den 80er-Jahren Grundlage einer Staatsideologie unter der Präsidentschaft Ronald Reagans wurde und bis heute im amerikanischen Rechtsfundamentalismus zu finden ist. Der Begriff selbst ist daher Teil einer politisch-theologischen Debatte und in diesem Zusammenhang verständlich. Trotzdem kann man auch die Empörung der Referentin und die Verlegenheit des Präsidenten verstehen. Hier ist ein Gast beleidigt worden. Es gehe gar nicht um die Beurteilung unterschiedlicher Positionen, lässt er Dorothee wissen, sondern um die Einhaltung der Etikette. Diese bleibt ungerührt: Ethik sei wichtiger als Etikette, er sei doch selbst hier für die theologische Ethik verantwortlich. Und ein paar Tage später sitzen Studentinnen und Studenten mit selbstbedruckten

T-Shirts in den Vorlesungen: *»ethics not etiquettes!«*[5] Es geht hoch her am »Union«, die Revolten der 60er-Jahre haben auch die theologischen Seminare nicht unberührt gelassen. Und Dorothee, die Tochter aus gutem Hause, genießt die neuen Freiheiten und benimmt sich dabei manchmal auch daneben. *»Christopher, you old fucker!«*, ruft sie bei einer fröhlichen Teegesellschaft im Haus von Paul und Marion Lehmann quer über den Tisch. Das alte Ehepaar, in den 30er-Jahren enge Freunde von Dietrich Bonhoeffer, ist ein Urgestein der amerikanischen Linken, aber das geht zu weit! Sie wird nie mehr eingeladen.

Alles in allem aber überwiegen Bewunderung und Zuneigung, so dass man ihr den Status der Professorin am »Union« auf Dauer anbietet. Denn inzwischen ist sie auch in den kirchlichen Kreisen Amerikas ebenso bekannt und umstritten wir in ihrer Heimat. Es erscheinen die ersten amerikanischen Ausgaben ihrer Bücher und Gedichte, immer häufiger wird sie um Vorträge und Lesungen gebeten. Kreuz und quer reist sie durch die amerikanischen Staaten und nach Kanada. Politischer Schwerpunkt ist in diesen Jahren die Solidarität mit den Befreiungsbewegungen Lateinamerikas, verbunden mit einer vor allem von kirchlichen Kreisen getragenen Bewegung zur Unterstützung illegaler Einwanderer. Die *Sanctuary*-Bewegung nimmt politische Flüchtlinge und illegal in die USA eingewanderte Menschen aus den Armuts- und Bürgerkriegsregionen Mittelamerikas auf, verschafft ihnen Arbeitsmöglichkeiten und Unterkunft und versteckt sie vor den Behörden. Das ist gegen das Gesetz, und es kommt zu einer Reihe von Prozessen. »Nächste Woche fahre ich nach Phoenix und Tuscon, Arizona, zur Unterstützung des Prozesses gegen die angeklagten Gesetzesbrecher. Es sind Christen, die politische Flüchtlinge aus El Salvador und Guatemala, die keine Einreisepapiere haben, in Kirchen verstecken. Sie machen die Kirchen wieder zu einem Heiligtum (sanctuarium) – wo der Staat nichts zu suchen hat.«[6] Das Elend der Flüchtlinge wird ihr zu einem Herzensanliegen. Wieder geht es um Heimat, aber auch um das Abarbeiten einer alten Schuld. In einem Text, der 1985 für die amerikanische *Sanctuary*-Bewegung geschrieben wurde, heißt es unter anderem: »Als ich ein Kind war, hatten jüdische Leute in Nazideutschland kein Obdach, um sich zu verstecken. Falls du mich fragst, was die Kirchen in jenen Tagen taten – ich weiß nichts zu sagen. Es gab keinen Zufluchtsort in dem Land, es gab keinen heiligen Bezirk, um sich zu verstecken und sich für eine Weile geborgen zu fühlen. Ich lese in dem Buch, daß ein Volk ohne Visionen zugrunde geht. Aber ein Volk ohne heiligen Raum der Rettung vor den Mördern ist schon tot.

Gott segne die Sanctuary-Bewegung. Er lasse sein Licht leuchten über die, die illegal werden um der Illegalen willen. Sie möge alle, die ihre Heimat verloren haben, trösten. Gott segne uns alle, Heimwehkranke, und führe uns in ein Land, in dem es heiligen Raum gibt.«[7]

Unermüdlich erinnert sie an die Flüchtlingsgeschichten aus der Bibel, aber auch an die uramerikanischen Ideale – stehen doch diese Worte von Emma Lazarus an der Freiheitsstatue im Hafen von New York: *»Give me your tired, your poor, your huddled masses yearning to be free … Send these, the homeless, tempest-tost to me.«*[8] In den Veranstaltungen und Interviews rund um den Prozess geht es immer wieder um die Frage der Zusammengehörigkeit von Politik, Religion und Recht. Diese Diskussion ist Dorothee nur allzu bekannt. »Handeln Sie aus politischen oder religiösen Motiven heraus?«, fragen die Reporter. »Es geht hier nicht um Religion, sondern um Rechtsverletzungen«, sagen die Richter – Dorothee will

»Eine theologische Institution muss eine Prophetin ertragen können.« (Donald Shriver, ehem. Präsident des Union Theological Seminary, *New York)*

sich auf diese Unterscheidungen nicht einlassen. Aber auch in der *Sanctuary*-Bewegung selbst gibt es Gruppen, die sich nicht politisch »vereinnahmen« lassen wollen. Diesen schreibt Dorothee nach ihren Erfahrungen in Tuscon einen Brief: »Ich mache mir immer noch Gedanken über die Spannungen zwischen der Chicago- und der Tuscon-Gruppe ... Die meisten, so scheint mir, wollen einfach Jüngerinnen und Jünger Christi werden, Nachfolgende in einem praktischen Sinn des Tuns der Barmherzigkeit ... Im Nachdenken über die spirituelle Situation dieser Graswurzel-Arbeiter in der Bewegung fiel mir die Bibel ein, vor allem die Struktur des Neuen Testaments. Wenn Ihr die ersten drei Evangelien mit den Briefen des Paulus vergleicht, findet Ihr eine ähnliche Spannung zwischen der Guten Nachricht, dem Heilen, der Speisung, dem Tun der Arbeit Gottes einerseits und den reflektierten Gedanken und der Praxis des Apostel Paulus andererseits ... Der Unterschied zwischen Paulus und seinen Freundinnen und Freunden in Rom, Korinth und Chicago einerseits und den Freundinnen und Freunden Jesu in Galiläa und Tuscon andererseits liegt meines Erachtens in zwei Punkten: in *Theorie* und *Organisation.* Beide sind notwendige Schritte, die aus der Verpflichtung wachsen, unsere Nächsten wie uns selbst zu lieben ... Ich denke, die frühen Christen mußten eine bewußte Entscheidung treffen für beide – die Theorie und die Organisation der Liebe; es war eine bewußte Entscheidung für eine sozio-politische Analyse, die schon im Lehren Jesu gegenwärtig war, und ein Schritt in die Organisation, die damals ›ecclesia‹ genannt wurde, die Kirche.«[9]

Bis in die persönlichsten Texte hinein sind die Flüchtlinge präsent. Dorothee kann sich auch hier eine Trennung von Glauben, politischem Engagement und privatem Glück nicht mehr vorstellen. Für den amerikanischen

Freund Jim Wallace, den sie 1978 bei einer Veranstaltung der amerikanischen religiösen Sozialisten in Washington kennenlernt, schreibt sie dieses Gedicht:[10]

Ich hätte dir gern die magnolien am broadway
  gezeigt
und wär mit dir zu dem alten juwelier aus der
  123sten gegangen
der mein armband reparieren will aus sympathie
spreche ich nicht deutsch
im central park sind selbst tulpen liebenswürdig

Was schön ist lebt schnell hier
vielleicht haben wir nicht mal zeit
für den kurzen new yorker frühling
wenn wir den flüchtlingen zuhören
die ihre geschichten loswerden müssen
und ihre angst nicht loswerden

Die studenten haben mir ein kreuz geschenkt
einer der in chile ermordet worden ist
hat es getragen
jetzt ist es für eine weile
bei mir

Ich hätte dir gern die magnolienblüten gezeigt
mitten auf der fahrbahn
und wär mit dir zu freunden gegangen
die mit flüchtlingen leben für eine weile

Ich glaub immer weniger an das glück
das zweien ganz für sich gehört
und immer mehr an das kurze geteilte
in das die geschichten fallen aus kellern und lagern
die magnolienblüten auf die fahrbahn

Fünfundzwanzig Jahre nach ihrem ersten Zusammentreffen wird Jim bei ihrer Beerdigung eine Magnolienblüte auf das Grab legen, in Erinnerung an das kurze geteilte Glück und an die lange Verbundenheit im Eintreten für Gerechtigkeit, die über den Tod hinausgeht: »I miss her greatly. But as she would recall about Joe Hill in talking with me about the meaning of resurrection, she is ›alive as you and me‹.«[11]

Zwischen den Welten

Joe Hill, der 1915 durch Justizmord liquidierte Poet und Gewerkschaftsführer, ist eine Ikone der amerikanischen Arbeiterbewegung. In dem ihm gewidmeten Lied heißt es, dass er niemals wirklich sterben werde: *»From San Diego up to Maine, in every mine and mill, where working men defend their rights, it's there you find Joe Hill …«*[1] Joan Baez sang das Lied 1969 beim legendären Woodstock-Festival und widmete es den jungen Amerikanern, die lieber ins Gefängnis gingen, als in den Vietnamkrieg zu ziehen. In dieser Zeit wurden Friedens- und Arbeiterbewegung in den USA endgültig zu Verbündeten, zeigte sich doch deutlich, dass die Verelendung weiter Bevölkerungsschichten die unmittelbare Folge von Rüstung und Krieg war. In den kirchlichen Widerstandskreisen wurde der biblische »Schalom« wiederentdeckt, die unauflösliche Verbindung von Gerechtigkeit und Frieden. Auf dieser Grundlage entstanden die Gruppen für *Justice and Peace;* auf ihren Spuren wird Dorothee Sölle noch einmal ganz anders in die amerikanische Realität eintauchen, und sie wird dabei auch in ihre eigenen Krisengebiete geraten als Wanderin zwischen den unterschiedlichen inneren und äußeren Welten.

Ende der 70er-Jahre lernt sie Dorothy Day, die große alte Dame des *Catholic Worker Movement*, kennen und bewundern. Sie ist die leibhaftige Verbindung von radikalem politischem Engagement, mystischer Frömmigkeit und gelebtem Armutsideal. Ursprünglich in der linken Bohème New Yorks beheimatet, praktiziert sie nach ih-

Vorder- und Rückseite einer Postkarte, die Dorothee Sölle von Dorothy Day, der großen alten Dame des Catholic Worker Movement, *erhalten hat.*

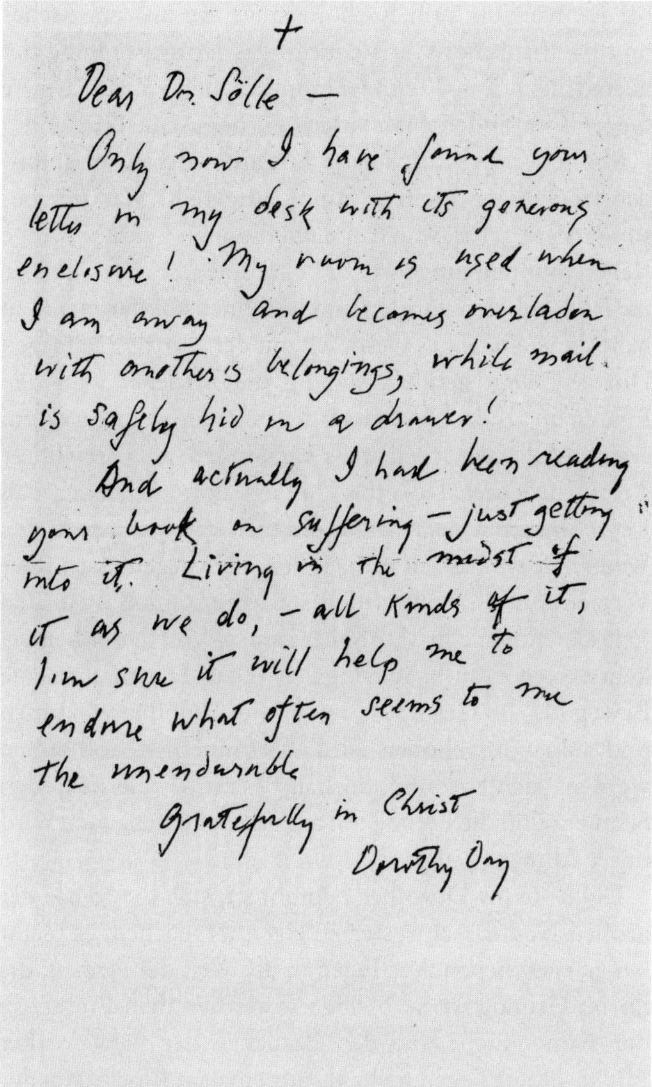

+

Dear Dr. Sölle —

Only now I have found your letter in my desk with its generous enclosure! My room is used when I am away and becomes overladen with another's belongings, while mail is safely hid in a drawer!

And actually I had been reading your book on suffering — just getting into it. Living in the midst of it as we do, — all kinds of it, I'm sure it will help me to endure what often seems to me the unendurable

Gratefully in Christ

Dorothy Day

Dorothy Days Verbindung von radikalem politischem Engagement, mystischer Frömmigkeit und gelebtem Armutsideal beeindruckte Dorothee Sölle sehr.

rer Konversion zum Katholizismus ein anarchistisches und pazifistisches Christentum, das Dorothee Sölle tief beeindruckt. Ein Freund nimmt sie mit »in die ärmste Gegend im Süden Manhattans zu der Armenküche des Catholic Worker ... Ich habe dort mit anderen, meist jungen freiwilligen Helfern Suppe ausgeteilt. Was mir besonders gut gefiel, war, daß nicht die alten Leute Schlange stehen mußten, um etwas zu bekommen, sondern daß sie zu Tisch gebeten wurden und wir ihnen aufwarteten. Ich habe dann ein langes Gespräch mit der damals 82jährigen Dorothy Day geführt, ständig unterbrochen von den Leuten im Obdachlosenasyl, die kamen und gingen. Zum ersten Mal habe ich damals verstanden, was freiwillige Armut bedeutet. Dorothy Day erwähnte nebenbei, daß Leute immer wieder in ihr Zimmer kommen, dort eine Weile hausen, Sachen mitnehmen oder liegenlassen. Der Verzicht auf Eigentum, den sie lebte, schloß auch den Verzicht auf eine private Sphäre ein ... Von dieser bemerkenswerten Frau habe ich gelernt, daß Spiritualität eine Bewegung des Geistes ist, in der die Trennung von innen und außen aufgehoben wird. Was innen ist, soll außen werden, sichtbar und hörbar. Wenn wir lernen, den Schmerz und die Freude mit anderen zu teilen, dann wird unser Alltag geheiligt.«[2]

Doch sosehr Dorothee bemüht ist, sich die Ideale der großen Namensschwester zu eigen zu machen, es bleibt bei gelegentlichen Ausflügen in die Welt der Armen, die ihr im Grunde fremd bleiben. Zwischen dem Einsatz in der Armenküche und den Besuchen der New Yorker Philharmonie liegen mehr als nur ein paar Blocks von der Lower East Side und dem Theatre District. In Manhattan existieren die größten sozialen Gegensätze auf engstem Raum: die immer noch armen Einwandererviertel neben den teuren Quartiers auf der Upper East Side, Hell's Kitchen neben dem Börsenviertel, die luxuriöse 5th Avenue parallel zur Bowery mit ihren in Pappkartons hausenden Obdachlosen. Die heruntergekommene Infrastruktur öffentlicher Einrichtungen wie der Subway, der Straßen, der Elektrizität kontrastiert mit den Kathedralen der Macht und des Konsums. *Babylon on Hudson* wird New York genannt; Babylon ist schon in biblischen Zeiten das steingewordene Symbol des Machtzentrums, der Megakultur, die mit ihrer Gewalt und Verführungskraft in der Peripherie Armut und Abhängigkeit produziert. Und so wie in den Zeiten der frühen Christenheit gegen die Leitkultur des römischen Imperiums entsteht auch hier immer wieder eine von vielen Menschen gelebte Gegenkultur, eine *counter culture*, an der sich auch Christinnen und Christen aktiv beteiligen. Die radikalste Form dieser Gegenkultur ist zweifellos Dorothy Days Lebensstil, in dem die Armut zu einem spirituellen Ideal wird. Diesen Lebensstil praktiziert Dorothee Sölle nicht, und wenn sie ihn idealisiert, dann ist das eher eine Form von Verbalradikalismus, der zu dem eigenen Leben zuweilen auch im Widerspruch steht.

Daraus wäre ihr kein Vorwurf zu machen, wenn nicht der Anspruch so radikal formuliert wäre, wenn eine reflektierte, kritische Auseinandersetzung mit der eigenen Widersprüchlichkeit zu erkennen wäre. So aber geraten Anspruch und Wirklichkeit immer wieder aneinander. Die Frau, die so entschieden die Sache der Armen vertritt, hat mit den realen Erscheinungen der Armut ihre Schwierigkeiten: »Obwohl sehr müde, begleite ich Darleen (eine Ordensschwester aus der *Sanctuary*-Bewegung) zu einem Abendgottesdienst des *Catholic Worker*, einer einfachen Liturgie. Schriftlesung, dünner Gesang mit Gitarre. Wir sind: ein schweigsamer Stadtstreicher, eine neurotische vierzigjährige Frau, die den Abendmahlswein durchaus wegtrinken will, eine alleinstehende Frau mit einem Sechsjährigen, der unsägliche Geräusche aus der Nase produziert, ... eine sehr alte Frau aus der Nachbarschaft kommt hinzu; Maria, eine der Schwestern, leitet die Andacht und spielt die Gitarre. Die Störungen werden mit Selbstverständlichkeit getragen; ich frage mich, was Demut ist.«[3]

Die Schwierigkeiten mit der Demut sind ein wiederkehrendes Thema im »New Yorker Tagebuch«. Dorothee, die fliegen lernen will, die auch ihre wachsende Berühmtheit genießt, ist dabei manchmal auch in der Gefahr, in wenig spiritueller Weise »abzuheben«. Inzwischen wird sie häufig eingeladen, und sie, die früher »über die Dörfer zog«, zeigt nun zuweilen elitäre Anwandlungen: »Die Organisation meines Besuches ist unerfreulich ... ein Vortrag in der ein Drittel gefüllten Kirche. Seltsam, ich bin so an viele Menschen, Spannung, Erwartung gewöhnt, daß es mich frustriert, für siebzig oder so zu reden.«[4] Obwohl die »Graswurzel«-Arbeiterin das einfache Leben in Ordnung findet, soll es doch der alternativen Kultur entsprechen, die sie für sich selbst entwickelt hat, und die rigorose Kritik an Menschen, die nicht zu dem eigenen Denk- und Lebensstil passen, wird von vielen als wenig demütig empfunden. Die revolutionäre Ungeduld, die sie so sympathisch macht, wird zuweilen zu einer Unduldsamkeit, die auch Freunde und Sympathisanten vor den Kopf stößt.

Dazu kommt ein Bekehrungseifer, der vor allem den beginnenden Dialog mit der Arbeiterbewegung, ihrer Theorie und Praxis regelrecht untergräbt. Hatten sich Christen in den Friedens- und Befreiungsbewegungen der 60er- und 70er-Jahre als Teil sozialer und politischer Emanzipationsprozesse verstehen gelernt, kommen nun mit der Entstehung der »Theologie der Befreiung« aus

Lateinamerika Vorstellungen von einer revolutionären christlichen Identität auf, die deutlich missionarische Züge erkennen lassen. Als Arturo Maduro aus Venezuela in New York einen Vortrag über die neue christlich-marxistische Einheit in den lateinamerikanischen Befreiungsbewegungen hält, macht Dorothee Sölle deutlich, dass es ihr nicht mehr nur um Dialog und gegenseitigen Respekt geht: »Ich frage ihn, wann wir denn einen Schritt weiter gehen und die Marxisten bekehren sollen. Der Mensch ohne Religion (in diesem Fall sage ich ausnahmsweise ›der Mann‹ ohne Religion) sei doch ziemlich unvollständig. Große Aufregung bei den Kollegen und den Studenten; sie halten mich für das, was man in Deutschland mal ›pietkong‹ nannte, eine naive, vorwissenschaftliche, bibelgläubige Position auf der Linken!«[5] Und in der Tat kommt sie in ihrer Argumentation und Haltung in die Nähe des Fundamentalismus. Als Fidel Castro in den »Nachtgesprächen« mit dem brasilianischen Dominikaner Frei Betto[6] eine neue Offenheit und Achtung dem Christentum gegenüber zum Ausdruck bringt, geht ihr das nicht weit genug: »Über das Bündnis hinaus, in dem sich Christen und Marxisten gegen dieselben Feinde finden, entsteht eine neue Identität, in der Menschen Revolutionäre sind, um Christen zu werden.«[7] Jan Rehmann, ein früher Mitstreiter aus den Reihen der »Christen für den Sozialismus«, entgegnet darauf, dass hier die alte Entgegensetzung von »Aufklärung« und »Glaube«, »Wissenschaft« und »Mythos« wieder ins Spiel komme. »Die marxistischen Defizite werden auf den Rationalismus-Faden (partiell, patriarchalisch, Industrialismus, Naturbeherrschung) gereiht, die Erneuerungschancen auf den mystisch-religiösen Faden (ganzheitlich, weiblich, ökologisch). Damit ist die christliche Lösung der marxistischen Probleme schon in der Diagnose verankert.«[8] Er kritisiert zudem, dass bei Dorothee Sölles christlich-revolutionärer Idee alles versammelt ist, »was im alternativen Milieu der ›Neuen Sozialen Bewegungen‹ attraktiv ist … Wer widerspricht schon gern, wenn es um ›Ganzheitlichkeit‹, ›Vereinigung‹, ›Betroffenheit‹ und ›Erfahrungsbezogenheit‹ geht? Wir wollen doch alle ins Offene treten! Auch die Gegenseite ist auf eine Weise artikuliert, daß man nur dagegen sein kann: als ›Rationalismus‹, ›Wissenschaftsglaube‹, ›patriarchalisch‹, ›abgeschlossen‹. Solche Entgegensetzungen überspielen die konzeptionellen Schwierigkeiten einer aktuellen Befreiungstheologie der Ersten Welt, statt sie auszuleuchten.«[9] An dieser Stelle kündigen ihr auch die amerikanischen Freundinnen die Gefolgschaft. Man muss nicht Christ sein, um das Rechte zu tun, sagt Janet Walton. Beverly Harrison lebt zu dieser Zeit mit einer Freundin aus der kommunistischen Bewegung zusammen und einigt sich mit ihr auf ein gemeinsame Tischgebet: »Some have bread and some have none – God bless the revolution.«[10] Dorothees Rigorismus findet sie ziemlich lebensfremd. Und tatsächlich kommt auch das reale Leben der Revolutionärin und Mystikerin den steilen Ansprüchen nicht wirklich hinterher. Wenn man nicht völlig aussteigt, werden Kompromisse unumgänglich bleiben, und man sollte sie sich und anderen auch zugestehen.

Im Grunde weiß Dorothee um die Zerreißprobe zwischen mystischer Selbstlosigkeit und elitärer Selbstverliebtheit. Am Reformationstag 1985 beginnt sie ihr »New Yorker Tagebuch« mit einer klarsichtigen Selbstanalyse: »Krise des Schreibens, Krise des So-weiter-Machens. Wohin treibt es mich?« Sie fragt nach den politischen, ästhetischen und spirituellen Dimensionen der Krise und kommt dabei auch ihrer eigenen Widersprüchlichkeit auf die Spur: »Das Fehlen von Disziplin, geistlicher Ordnung stört mich – ich habe keine ›Regel‹ ... In mir bin ich nicht religiöse stark, kein Guru, keine ›spirituelle Führungskraft‹, auch wenn oft so angesehen. Hilflos, wenn aufgefordert, ein Tischgebet zu sprechen; ratlos, oft ungeduldig, den Seelenkrisen anderer gegenüber. Das Fehlen von Disziplin ist nach außen eine tiefe Unaufmerksamkeit.« Sie nimmt sich vor, mit dem Tagebuchschreiben die »himmlische Buchführung« zu lernen, darunter folgende Regeln: »Jeden Tag schreiben. Das Graue, Armselige aushalten. Die niedrigen, demütigenden Empfindungen – die Reflexe der Bourgeoisie in mir – nicht verleugnen; das, was die ollen Mystiker die ›Regungen des Fleisches‹ nennen – diese Realität wahrhaben. Das Glück, auch das kleine lieben! Nennen! Es gibt einen Punkt jenseits von Arroganz und Selbstverachtung, den ich erreichen will.«[11]

Nach zehn Jahren in New York hat Dorothee die Möglichkeiten und Grenzen der Freiheit ausgelotet, sie hat die Vielfalt unterschiedlicher Beziehungen und die Einsamkeit des zeitweiligen Singledaseins, die hektische Betriebsamkeit und die Erschöpfung, den revolutionären Elan und seine Ernüchterung durchlebt. Und schließlich ist auch die Wanderung zwischen den Welten nicht nur anregend gewesen; die Zerrissenheit eines Lebens zwischen Hamburg und New York hat auch zu Zerreißproben geführt, zur Aufspaltung von Lebensweisen und Lebenswelten. Auf die Dauer ist eben nicht die halbe Welt in einem einzigen Lebenslauf unterzubringen, ist auch das Nebeneinander zweier unterschiedlicher Lebensstile keine Möglichkeit, Heimat und Identität zu finden, und irgendwann brauchen auch Ehe und Familie wieder ein gemeinsam eingerichtetes und bewohntes Haus. Die endgültige Rückkehr nach Hamburg ist nicht zuletzt eine bewusste Entscheidung für das Zusammenleben mit Fulbert Steffensky, eine gute Basis für ein gelungenes gemeinsames Leben und Arbeiten innerhalb der um sie gewachsenen Menschenfamilie. Es scheint, als habe Dorothee die wilden New Yorker Jahre gebraucht, um sich hier für ihr weiteres Leben beheimaten zu können. Im Dezember 1985 nimmt sie Abschied von New York, und noch einmal kommt in ihrem Tagebuch die Sehnsucht nach Heimat zur Sprache, am Ende freilich nicht ohne diese kleine Unruhe des Herzens, die sich nirgends auf der Welt endgültig zur Ruhe bringen lässt. Ihren letzten Abend in New York verbringt sie im Deutschen Haus der New Yorker Universität, wo eine Gedenkfeier für den alten Freund Heinrich Böll stattfindet. Die U-Bahn-Station des Greenwich Village ist geschlossen, sie läuft durch die nächtliche Stadt: »Das Gehen durch die Nacht ist wie ein Abschied … Ade, Babylon on Hudson. Ade, meine spirituellen Waisen, die Studenten. Ade, compañeras. Jemand sagte heute abend, Böll sei von der literarischen Kritik als provinziell angegriffen worden, in Wirklichkeit sei er aber international. Ich empfand da ein bißchen Neid für eine Art von provinzieller Heimat, die ich nicht habe. Obwohl, ganz zu Hause auf ›dieser Welt‹ zu sein, wer wünscht sich schon so etwas.«[12]

Lieder vom wind 2

Mein ältester freund der wüste wind
ist wieder nach manhattan gekommen
herrlich pfeift er und jault
auf meinem klappernden fenstergriff
und auf dem alten airconditioner
trommelt er das lange solo

Ich möcht dich umarmen
alter freund meiner mutter der erde
die ich seit drei wochen nicht berührt hab
und die nacht mit dir zubringen
trunken und voller lachen
während du deine witze reißt

Wenn nicht in manhattan
einige zehntausend andere
viele von ihnen verwirrt und sehr alt
ohne obdach wären
ohne schutz
vor deinen wüsten umarmungen

Wenn nicht die regierung diesen leuten
gerade verboten hätte
in einem film der uno aufzutauchen
neben den armen von kalkutta
und von westafrika

Dorothee Sölle[13]

Die Erde gehört Gott

Luise Schottroff und Dorothee Sölle bei einer ihrer berühmten dialogischen Bibelarbeiten auf dem Kirchentag

Zum ersten Mal wird man sie 1985 auf dem 21. Evangelischen Kirchentag in Düsseldorf so nebeneinander auf dem Podium sitzen sehen: Dorothee Sölle und Luise Schottroff, ihre »beste Freundin«. Sie kennen und lieben einander schon lange, nun aber werden sie ein unzertrennliches Bibelarbeiterinnenteam. Bis zuletzt werden sie die großen Kirchentagshallen füllen. Versuche, sie an Nebenschauplätze abzuschieben, enden damit, dass man die Besuchermenge wieder in die großen Hallen oder Zelte umdirigieren muss. Und auch der Beginn der gemeinsamen Kirchentagsarbeit ist von Widerständen begleitet, denen die beiden mit weiblicher List begegnen.

Bis zum Düsseldorfer Kirchentag war noch nie eine offizielle Einladung an Dorothee Sölle ergangen. Auch diesmal will man sie eigentlich nicht dabeihaben. Daher meldet Luise Schottroff, die als Professorin für Neues Testament um eine Bibelarbeit gebeten wurde, sich als Team mit Dorothee Sölle an. Und kaum hat die Kirchentagsleitung diese Kröte geschluckt, kommt die zweite hinterher. Das offizielle Kirchentagsmotto lautet: »Die Erde ist des Herrn!«. Die beiden Frauen aber geben ihrer Bibelarbeit zum Kirchentagsmotto den Titel: »Die Erde gehört Gott!«. Gott ist anders, nicht nur »Mann« und »Herr«, er bekommt weibliche und geschwisterliche Attribute: »Ich möchte von meinem Bruder Gott sprechen, von Jesus«, so beginnt Luise Schottroff eine ihrer Bibelarbeiten. »Ich könnte auch sagen: von meiner Schwester Gott, denn Jesus ist kein Männer- und Herrschaftsgott, der Menschen noch kleiner macht, als sie ohnehin schon sind. Mein Bruder Gott Jesus trägt einen jüdischen Alltagsnamen: Jesus, Jeschua, Gott hilft.«[1] Und Dorothee Sölle erklärt, warum sie Gott nicht mit dem Titel »Herr« in Verbindung bringen will: »Es gibt eine männliche Theologie, die Gott vor allem als Befehlshaber, als Allmacht, als Imperator denkt. Ich will diese Theologie den Gottesimperialismus nennen, weil ich glaube, daß sie im Bereich der Ideologie genauso funktioniert wie der Imperialismus im wirtschaftlichen und politischen Bereich, nämlich um Menschen zu unterwerfen … An Gott glauben im Sinne dieser imperialistischen Theologie bedeutet, sich dem, was ist, zu unterwerfen, wie man sich dem schlechten Wetter, der Steuerpflicht, den technischen Zwängen unterwirft. Es wird schon seinen Sinn haben, sagt diese Frömmigkeit, es geht ja nicht anders. So ist der Fatalismus die Kehrseite des Gottesimperialismus.«[2]

Die Umformulierung des Gottesbegriffs ist also nicht nur eine feministische Aktion. Beide Frauen sind eigentlich keine Feministinnen. Sie gehören eher zum Urgestein einer Frauengeneration im Aufbruch, zu den wenigen Frauen, die sich in Wissenschaft und Gesellschaft emanzipiert und für sich Bereiche erkämpft haben, die weitgehend den Männern vorbehalten waren. Zugleich waren sie in politischen Widerstandsbewegungen aktiv und hatten Positionen bezogen, die sie den etablierten Mächten und Institutionen verdächtig machten. Dass die Repressionen und Intrigen, denen sie begegneten, auch Ausdruck von Männermacht und Männerangst waren, dass sich Machtmissbrauch und Willkür in Universität, Kirche und Politik auch mit Sexismus verbanden, war eine durchgängige Erfahrung. Entsprechend war der Feminismus Teil einer notwendigen Befreiungsbewegung, die aber nicht auf die Frauenbefreiung verengt werden durfte. Einem Feminismus, der sich ausschließlich um die Rechte und Bedürfnisse der Frauen kümmert, hatte Dorothee Sölle bereits in einem Brief an das New Yorker Frauenzentrum eine Absage erteilt. Als dort bei einer Veranstaltung, auf der sie über Frauen in Nicaragua sprechen sollte, den Männern Hausverbot erteilt wurde, schrieb sie:

»Das ist nicht mein Feminismus! Ich verstehe, daß wir ein gewisses, zeitlich begrenztes Getrenntsein brauchen. Es hat damit zu tun, wie wir uns selber definieren wollen, wer wir sind, mit unserer Suche nach Identität. Aber wenn die Trennung Separatismus wird, wenn sie Regel statt der Ausnahme ist, dann geht etwas von der Integrität unseres Kampfes verloren. Feminismus wird dann zu einer biologischen Kategorie, einem anderen Abkömmling des Rassismus … Für mich ist Feminismus ein menschheitliches Unternehmen … Gott braucht alle ihre Kinder, damit sie von Furcht und Haß frei werden können und wir endlich miteinander in einen herrschaftsfreien Raum hineinwachsen.«[3]

Dass Dorothee sich Gott auch als weiblich vorstellen kann, ist nun allerdings auch für sie erst nach den Begegnungen und Erfahrungen in der amerikanischen Frauenszene denkbar. Vor allem Beverly Harrison hat sie immer wieder gefragt: Was hat deine Theologie mit deinem Frausein zu tun? Das ist noch einmal ein anderer Aspekt als der Kampf gegen sexistische Ausgrenzungen in Kirche und Universität. Es geht nicht mehr um die Anerkennung, in männlichen Bereichen »seinen Mann stehen« zu können, sondern um die Wahrnehmung der eigenen, der weiblichen Fähigkeiten, um die Wahrnehmung der Geschlechterdifferenz mit dem Ziel, diese im produktiven Miteinander und Gegeneinander zu nutzen. Frauen sollen sich nicht mehr »entwichtigen«, »trivialisieren« lassen, predigt Beverly. Dass Frauen wichtig sind, auch ohne dazugehörige Männer, ist für Dorothee in den New Yorker Jahren nicht nur ein Denkprozess, sondern auch eine Lebenserfahrung. Hier entsteht eine Frauenszene, die die Männer nicht hasst, aber auch ganz gut ohne sie auskommt. Für Dorothee, die bisher vor allem als Ehefrau und Mutter gelebt hat, die die Abwesenheit eines (Ehe-)

Mannes eher als Defizit empfunden hat, sind das neue und inspirierende Lebenswelten. Frauen sitzen miteinander in der Bar, gehen auf Reisen und ins Kino, planen Projekte und Publikationen, sind lockere Gastgeberinnen in ihren eigenen, unaufgeräumten Wohnungen. »Eine Frau ohne Mann ist wie ein Fisch ohne Fahrrad«, wird Dorothees Lieblingssatz, und auch: »Als Gott den Mann schuf, übte sie noch!«[4] Frauengottesdienste mit eigenen Themen und Ritualen machen das wieder wichtig, was Frauen erleben: Schwangerschaft und Geburt, Abtreibung und Vergewaltigung. Mit der Wahrnehmung der weiblichen Spiritualität kommt auch die Entdeckung, dass Gott mehr ist als ein Mann. Gott in weiblichen Begriffen zu denken, die schon in den biblischen Traditionen gedachten weiblichen Seiten Gottes zu entdecken, die verborgenen weiblichen Anteile in den biblischen Überlieferungen offenzulegen, die verschüttete Frauengeschichte in der von Männern gemachten und geschriebenen Geschichte auszugraben – das alles wird nun zum Thema einer feministischen Theologie, die an den biblischen Traditionen festhalten will, statt sie durch Göttinnenmythologie und Hexenzauber zu ersetzen.

Dass der feministische Blick Teil einer umfassenden befreiungstheologischen Sicht sein muss, machen Dorothee Sölle und Luise Schottroff in der Einleitung zur ersten Ausgabe ihrer Bibelarbeiten deutlich: »Grundlage unserer Bibelarbeiten ist eine befreiungstheologische Hermeneutik, d.h. eine historische und theologische Methode, die mit der Befreiungstheologie und der Feministischen Theologie zusammengehört. Die Bibel spielt in den Befreiungsbewegungen von Christen eine große Rolle. Es gehört zur befreiungstheologischen Hermeneutik, die Situation der Menschen von damals ebenso ernstzunehmen, die in der Bibel vorkommen, wie die der Menschen von heute, die aus der Bibel lernen, was es heißt, daß der Glaube an Gott und Christus Berge versetzen kann. Sie geht also sozialgeschichtlich vor, um sich und anderen Rechenschaft über die eigene gesellschaftliche Situation abzulegen ... Die biblischen Texte sind Testimonien, Zeugnisse Betroffener, die die ungeschminkte Wahrheit über ihre eigene Situation aussprechen und deutlich machen, was der Glaube und die Hoffnung auf Gott praktisch bedeuten, welche Schritte der Befreiung im Alltag mit dem Glauben verbunden sind. Bibelauslegung hat also zwei Kontexten Rechnung zu tragen: dem eigenen Kontext und dem der Menschen, die in der Bibel zu Wort kommen. Für beide Kontexte ist der Glaube nicht zu trennen von der Alltagswirklichkeit, von der durch Wirtschaft, Politik und Militär meist mit roher Gewalt bestimmten Situation der Menschen. In diese Situation traf und trifft Gottes Wort ... Die politischen und sozialen Verhältnisse müssen beim Namen genannt werden, wo vom Glauben gesprochen wird.«[5]

Wie sehen die politischen und sozialen Verhältnisse in dieser Zeit aus? Seit Beginn der 80er-Jahre gehen in der Bundesrepublik Deutschland Hunderttausende auf die Straße, getrieben von der Sorge um Frieden und Sicherheit in Europa. In der Friedensbewegung kommen zum ersten Mal Menschen und Gruppen zusammen, die sich in den Jahren davor noch voneinander abgegrenzt und sich gegenseitig bekämpft haben. Linke aller Schattierungen verbünden sich miteinander, Christen und Sozialisten, Friedens- und Solidaritätsbewegung, Ökologie- und Frauenszene gehen erstmals ein Bündnis ein. Der Anlass ist der »Nato-Doppelbeschluss«, der u.a. die Aufstellung einer neuen Generation von Mittelstreckenraketen vorsieht, die bei einem atomaren Schlagabtausch zwischen den Supermächten den USA die Option eines Erstschlags eröffnen und damit einen Atomkrieg möglich machen sollen. Damit wird nicht nur eine neue Runde des atomaren Wettrüstens provoziert, sondern auch die Existenz Europas als atomares Schlachtfeld von amerikanischen Militärstrategen bewusst aufs Spiel gesetzt. Offen wird in den Geheimpapieren des Pentagon die Zielsetzung einer Erstschlagsstrategie formuliert: der gezielte atomare Schlag gegen das »Reich des Bösen«, die von dem fundamentalistischen US-Präsidenten Ronald Reagan proklamierte apokalyptische »Schlacht von Armageddon«, wird in den Bereich des Möglichen gerückt. Zugleich solle mit dem Drehen an der Rüstungsschraube die Sowjetunion endgültig »totgerüstet« werden. Als weitere Eskalationsstufe wird der »Krieg der Sterne« in die amerikanische Militärstrategie einbezogen. Das letzte Gedicht des todkranken Berliner Dichters Volker von Törne trifft die Stimmung vieler Menschen zu Beginn der 80er-Jahre:

> Was, Törne, hält vom Tode dich noch ab?
> Der Schrecken geht einher mit neuen Waffen
> Die Angst hat Flügel und der Zorn ist kalt …[6]

Dorothee Sölle gehört zu denen, die in der Zeit der Angst und des kalten Zorns die Stimme der Hoffnung und des Widerstands verkörpern. Zusammen mit anderen bekannten Frauen und Männern aus Politik, Kirche, Wissenschaft und Kunst nimmt sie an Blockadeaktionen vor US-amerikanischen Militärstützpunkten teil. Mit dem Freund Heinrich Böll und anderen Prominenten – Walter Jens und Peter Härtling, Heinrich Albertz und Erhard Eppler – sitzt sie am 1. September 1983 vor dem Stützpunkt in Mutlangen, auf dem die neuen »Pershing 2«-Raketen stationiert werden sollen. Alle Blockierer werden »abgeschleppt« und vor Gericht gestellt. Im November

1985 wird Dorothee in Abwesenheit wegen Nötigung »in verwerflicher Absicht« zu zehn Tagessätzen, insgesamt 2000 DM, Strafe verurteilt. Die Nachricht erreicht sie während ihres Abschiedssemesters in New York. Don Shriver bietet ihr spontan Hilfe an: »Falls Sie ... zahlen müssen – bitte denken Sie daran, daß Sie hier gute Freunde haben!«[7] Am gleichen Abend hält sie einen Vortrag: »Ein Volk ohne Vision geht zugrunde«. Dieser Satz aus den Sprüchen Salomos (29,18) durchzieht Dorothee Sölles Reden auch in den folgenden zahlreichen Veranstaltungen der westdeutschen Friedensbewegung. Dabei fordert sie nicht nur das Ende einer Art »selbstmörderischer Toleranz der Mordindustrie und ihren Betreibern gegenüber«, den Widerstand gegen den militärisch-industriellen Komplex, sondern auch eine politische und wirtschaftliche Neuorientierung in globalem Maßstab: »Wie sähe es denn aus, dieses Land, in dem es leichter wäre, gut zu sein? ... Das Land, in dem es leichter wäre, gut zu sein, wird sich in den Verhandlungen um eine neue Weltwirtschaftordnung auf die Seite der Armen stellen, kompromißlos, statt sich die Entwicklungsländer als Absatzmärkte für die eigenen und die multinationalen Konzerne zu sichern und das als ›Sicherheitspolitik‹ zu verkaufen.«[8] Der Rüstungswahnsinn militarisiert die Gehirne und gefährdet den Frieden, produziert Armut und Hunger, bringt Tod über Menschen und Natur. Rüstung tötet auch ohne Krieg: *»The bombs are falling NOW!«*. Die Erkenntnis dieser globalen Zusammenhänge findet immer mehr auch Eingang in die kirchliche Diskussion. Auf dem Hamburger Kirchentag 1983 beginnt der innerkirchliche Siegeszug der »lila Tücher« mit der Aufschrift: »Ein NEIN ohne jedes Ja zu neuen Massenvernichtungswaffen!«. Auf dem Düsseldorfer Kirchentag nimmt der Physiker und Philosoph Carl Friedrich von Weizsäcker einen Gedanken Dietrich Bonhoeffers auf, mit dem dieser bereits in den Jahren 1933 bis 1935 die Kirchen der Ökumene aufzurütteln versuchte: Ein ökumenisches Konzil müsse bei drohenden Kriegen und manifesten Menschenrechtsverletzungen unmittelbar politisch handeln und den Einsatz für Frieden und Menschenrecht zu einem notwendigen Teil des christlichen Bekenntnisses machen. Die Rede von Weizsäckers setzt den konziliaren Prozess für Gerechtigkeit, Frieden und Bewahrung der Schöpfung in Gang, der in den folgenden Jahren zu einer breiten Basisbewegung in den beiden großen Kirchen anwächst, misstrauisch beäugt und teilweise offen bekämpft von der konservativen Fraktion, die den Zustand der Welt theologisch mit der Sündenverfallenheit der Welt zu erklären versucht. Ihren Vertretern hält Dorothee Sölle entgegen: »Gott, der einen neuen Anfang setzt trotz der Sünde, wird gar nicht ernstgenommen, auch wenn sein Name gelegentlich auftaucht. Gott ist hier bereits zum Schicksal geworden. Diese Theologie ist eine Theologie des Todes. Sie verbündet uns nicht mit Gott im Interesse des Lebens ... Ihr wichtigster Inhalt ist die subjektive Sünde und die objektive Ohnmacht des Menschen, und ihre wichtigste Praxis ist die Anpassung an die Sünde, ob mit oder ohne Waffen, ob mit oder ohne Rüstungsexport, ob mit oder ohne Rüstungsprofit. Der Gott der Bibel aber ist die Macht des Lebens, die unser Herz verwandelt ... Dieser Gott erscheint in der Theologie des Todes gar nicht. Natürlich herrscht die Sünde über uns in einer Gesellschaft, die die Menschen systematisch zur Lüge und mit Hilfe der Medien zur Verleugnung der Realität erzieht, systematisch die Liebesbeziehungen zu käuflichen Konsumartikeln macht und uns das Morden auf Befehl, den atomaren Erstschlag, als Verteidigung andient. Die Frage ist nur, ob dieses Reden über die Sünde gottlos, ohne Befreiung geschieht wie in der angepaßten Kirche, oder ob es von Gottes Bund mit uns, von der Befreiung aus gedacht wird.«[9]

Gebet nach dem neunzigsten psalm

Gott du bist unsere heimat von generation zu generation
ehe die berge wurden und die meere
ehe unser kleiner blauer planet
auf dem sich das leben durch liebe und vereinigung
 ausbreitet
von dir geboren wurde nach langer schwangerschaft
warst du schon vor allem da und wartetest auf uns
du lässt menschen sterben und rufst neue zum leben
kommt wieder ihr kinder von adam und eva
du lässt kulturen zugrundegehen
wenn sie sich von dir trennen
und rufst andere ins leben
Was uns tausendjährig scheint und unaufhebbar
die blutige gewalt
ist dir eine kurze nachtwache
auch tyrannen brechen erschöpft zusammen
wirtschaftskonzerne lösen sich auf
und das wissen unfehlbarer parteien
wird zum schnee vom vergangenen jahr
es blühte die sklaverei und war profitreich
aber am abend deines tages war sie verdorrt
es kletterten die erträge der rüstung bis in den himmel
aber dein zorn lässt sie zugrundegehen
und dein grimm wird den geraubten wohlstand
 vernichten

unsere ausplünderung der armen machst du offenkundig
unsere gut verschleierten verbrechen stellst du ins licht
so fährt unsere zeit schnell dahin in angst vor der
wahrheit
wir verbringen unsere jahre wie auf dem drogentrip
der umkippt zum horror

Dorothee Sölle[10]

Der Gott der Befreiung

Die Begegnung mit der Theologie der Befreiung hatte die politische Theologie Dorothee Sölles zu dieser Zeit bereits in mancherlei Hinsicht verändert. Überwogen zu Anfang die systematischen Überlegungen zu einer neuen Christologie, so kam allmählich durch die »relectura«, die Neulektüre der Schrift auf dem Hintergrund einer befreiungstheologisch reflektierten Praxis, die Bibel als Ganze wieder in den Blick. Hatte sie in dem theologischen Ansatz der »Stellvertretung« die Bedeutung Gottes radikal zugunsten der »christologischen Reduktion« relativiert, so kam jetzt der Glaube an den Gott Israels neu zu Wort, und mit ihm die befreienden Traditionen beider Testamente. Die von Luise Schottroff vertretene sozialgeschichtliche und feministische Exegese führte schließlich auf die Spur der verschütteten Frauengeschichte und machte den Blick frei für den »Gott der kleinen Leute«.

Auf diesem befreiungstheologischen Hintergrund werden die Leiden und Kämpfe, die Niederlagen und Befreiungserfahrungen der Menschen in den lateinamerikanischen Basisgemeinden von Dorothee Sölle noch einmal neu aufgenommen. Zusammen mit der Erfahrung des Leidens und Sterbens kommt hier jetzt die Frage auf, was Auferstehung bedeuten könnte. Noch sehr vorsichtig wird ein Gedanke daran in dem Gedicht »argumente für die überwindung der ohnmacht«[1] formuliert:

Wir haben den längeren atem
wir brauchen die bessere zukunft
zu uns gehören die leute mit den schlimmeren
schmerzen
die opfer des kapitals
bei uns hat schon mal einer brot verteilt
das reichte für alle

Wir haben den längeren atem
wir bauen die menschliche stadt
mit uns sind verbündete der rechtlosen in den
anstalten
und die landlosen in den städten
zu uns gehören die toten des zweiten weltkriegs
die endlich zu essen haben wollen gerechtigkeit
bei uns ist schon mal einer aufgestanden
von den toten

Die politische Theologie der 68er-Jahre mündet in diesem Kontext in den breiten Strom der neu entstehenden befreiungstheologischen Spiritualität. Es gibt keinen Dualismus von Diesseits und Jenseits in der Auferstehungshoffnung. Auferstehung ins Leben wird zur zentralen Erfahrung des Glaubens, aber nicht nur als individuelle Erfahrung, sondern auch als Überwindung todbringender ökonomischer und gesellschaftlicher Strukturen. Entsprechend ist Sünde mehr als eine individuelle Verfehlung, sie ist auch und vor allem ein strukturelles Problem: »Wir verstehen unter Sünde weder individuelle Einzelfragen noch jenes globale protestantische Ohnmachtsgefühl, daß mit unserer Macht ja doch nichts getan sei ... Wir sind Kollaborateure der Sünde, schon indem wir zur nördlichen reichen Welt gehören.«[2]

Im Sommer 1983 wird Dorothee Sölle als Referentin zur 6. Vollversammlung des Ökumenischen Rates der Kirchen (ÖRK) nach Vancouver eingeladen. Am 27. Juli hält sie dort ein Plenarreferat »Leben in seiner Fülle«, das bald darauf mit dem Titel: »Wege zum Leben in seiner Fülle – Ein zorniges Plädoyer gegen Geld und Gewalt« in der ZEIT erscheint. Dieser Vortrag wird den Konflikt um Dorothee Sölle in Deutschland noch einmal auf die Spitze treiben. Schon die einleitenden Sätze bringen die konservativen Kräfte in Kirche und Gesellschaft der Bundesrepublik zur Weißglut: »Ich spreche zu Ihnen als eine Frau, die aus einem der reichsten Länder der Erde kommt, einem Land mit einer blutigen, nach Gas stinkenden Geschichte, die einige von uns Deutschen noch nicht vergessen konnten; ein Land, das heute die größte Dichte von Atomwaffen in der Welt bereit hält. Ich möchte Ihnen etwas sagen über die Ängste, die in meinem wohlhabenden und militaristischen Land herrschen; ich spreche zu Ihnen aus Zorn, in Kritik und mit Trauer. Dieser Schmerz über mein Land, diese Reibung an meiner Gesellschaft kommt nicht aus Willkür oder weil ich sonst nichts Besseres zu tun hätte, er wächst vielmehr aus dem Glauben an das Leben der Welt, das mir in dem armen Mann aus Nazareth begegnet ist, der weder Reichtum noch Waffen besaß. Dieser arme Mann stellt uns das Leben der Welt vor Augen und weist uns auf den Grund des Lebens hin, auf Gott …

Christus kam in die Welt, damit alle Menschen Leben haben und es in Fülle haben (Joh 10,10) … Für rund zwei Drittel der menschlichen Familie gibt es kein ›Leben in seiner Fülle‹, weil sie in Armut, nackter ökonomisch bedingter Verarmung an der Grenze zum Tod leben. Sie haben Hunger, sie sind ohne Obdach, sie haben keine Schulen und keine Medizin für ihre Kinder, kein reines Wasser

»Wir sind Kollaborateure der Sünde, schon indem wir zur nördlichen reichen Welt gehören.« Mit solchen Sätzen provozierte Dorothee Sölle die konservativen Kräfte in Kirche und Gesellschaft der Bundesrepublik

zu trinken, keine Arbeit – und sie wissen nicht, wie sie ihre Unterdrücker loswerden können. Die Handelsverträge und die internationalen Beziehungen werden von der ersten reichen Welt über die Armen verhängt, sie stürzen sie in täglich schlimmer werdendes Elend. Der Kampf ums Überleben zerstört das erfüllte Leben, den Schalom Gottes, von dem die Bibel spricht ... Christus kam in die Welt, damit ›alle Leben in Fülle haben‹, aber die absolute Verarmung, die innerhalb einer technologisch entwickelten Welt ein Verbrechen ist, zerstört Menschen physisch, geistig, psychisch und auch religiös, weil sie die Hoffnung vergiftet und den Glauben zu einer Fratze, zu einer ohnmächtigen Apathie macht. Zwischen Christus, der die Fülle des Lebens für alle bedeutet, und den Verarmten schiebt sich die Ausbeutung als die Sünde der Reichen, die versuchen, das Versprechen Christi zu zerstören.«[3]

Das Echo auf diese Rede ist in Deutschland gewaltig, aber auch zwiespältig. Dorothee Sölle hat ausgesprochen, was viele ökumenisch und politisch ausgerichtete Christen in der Friedens-und Solidaritätsbewegung denken. Die Kirchenleitungen dagegen distanzieren sich bald von ihr und weisen darauf hin, dass Sölle auf Einladung des ÖRK und nicht als Vertreterin der EKD in Vancouver gesprochen habe. ZDF und BBC setzen Sendungen über sie ab, das Evangelische Institut für Jugend- und Sozialarbeit ihren Kurs »Sprache und Bewegung« – man will es sich mit der EKD nicht verderben. Am 3. November 1983 meldet der Evangelische Pressedienst: »Vier Flensburger Pastoren haben eine bundesweite Unterschriftenaktionen gestartet, mit der die Evangelische Kirche in Deutschland (EKD) aufgefordert werden soll, öffentlich zu erklären, daß sich die Ansichten der Theologin Dorothee Sölle und ›ihrer einflußreichen Anhängerschaft‹

nicht mit den Glaubensgrundsätzen der Kirche decken.«[4] Diese Aktion wird bald mit einer Gegenaktion beantwortet, es wird ein Test für die Standortbestimmung der Kirche in Deutschland. Denn inzwischen haben sich die Stimmung und auch das Kräfteverhältnis zumindest in den evangelischen Kirchen geändert. Pfarrer und Pfarrerinnen aus der 68er-Generation setzen neue theologische Akzente, einzelne Theologinnen und Theologen haben es sogar bis in die Kirchenleitungen und die Hochschullehrstühle geschafft. Sie stellen sich hinter die Frau, die für viele von ihnen Vorkämpferin und Vordenkerin für Frauen- und Menschenrechte in Kirche und Gesellschaft gewesen ist.

Eine andere Art der Auseinandersetzung findet in der katholischen Kirche statt. Die Theologie der Befreiung, die die weltweite katholische Christenheit in Bewegung gesetzt hat, wird in der Spitze der Hierarchie, in Rom, zunehmend als Gefahr für den Glauben und die Kirche empfunden. Papst Johannes Paul II., der seinem Amt ein durchaus weltzugewandtes Gesicht gegeben hat, aber in theologischen und politischen Fragen ein konservativer »Hardliner« ist, wendet sich in den 80er-Jahren eindeutig gegen die Positionen der Befreiungstheologie. Grundlage dafür bildet das theologische Gutachten der Kommission für Glaubensfragen, die von Kardinal Ratzinger, dem späteren Papst Benedikt XVI., geleitet wird. In der Folge wird dem brasilianischen Theologen Leonardo Boff Schweigegebot erteilt, werden Bischöfe, die noch in Medellín und Puebla die »Option für die Armen« verkündet und damit den Einfluss der katholischen Kirche in dem unruhigen lateinamerikanischen Kontinent bewahrt haben, nach ihrem Ausscheiden aus dem Amt durch konservative »Opus Dei«-Anhänger ersetzt. In besonderem Maß sind davon die Katholiken in Nicaragua betroffen.

Dort hatten sich an der sandinistischen Revolution, die 1979 die Somoza-Diktatur stürzte, auch viele Christinnen und Christen beteiligt, unter ihnen der Priester und Dichter Ernesto Cardenal. Er wird Kultusminister in der sandinistischen Regierung – und deshalb seines Priesteramtes enthoben. Diese Maßnahme ist Teil des »Kreuzzugs gegen den Kommunismus«, den man mit Johannes Paul II. in Rom wieder auf die Fahnen geschrieben hat, wobei man nicht begreift, »dass Lateinamerika nicht Polen ist«. Das hatte seinerzeit bereits der salvadorianischen Bischof Oscar Arnulfo Romero geradezu flehentlich in Rom zu bedenken gegeben. Johannes Paul hatte darauf nicht reagiert und den Gemeinden in El Salvador den Schutz der Kirche entzogen und damit auch ihrem Bischof Romero, der kurz danach bei einer Messe von paramilitärischen Kräften erschossen wurde. Mit dem Verdikt der Kirche gegen die Befreiungstheologie und die Befreiungsbewegungen wächst nun auch die Gefahr für die sandinistische Revolutionsregierung in Nicaragua, die sich zunächst auf eine breite Zustimmung in der Bevölkerung stützen konnte. Von den USA finanzierte und bewaffnete »Contras« infiltrieren das Land, überfallen Dörfer und Gemeinden, ermorden Erntehelfer und Lehrer der Alphabetisierungskampagne. Noch einmal entsteht eine Welle der Solidarität, nicht nur in Europa, sondern auch in den USA. Freiwillige Solidaritätsbrigaden werden entsandt; sie sollen bei der Ernte helfen, mehr aber noch durch ihre Anwesenheit die Bevölkerung vor Überfällen oder einer offenen nordamerikanischen Invasion schützen. Und Dorothee schreibt das »Gebet für Nicaragua«:[5]

Eine große decke breite aus
über das kleine land der vulkane
daß die bombenflugzeuge es nicht finden können
und die mordbrenner nicht eindringen
und der präsident der vereinigten toten
das kleine land vergißt

Eine große decke breite aus
über das kleine land gerade vier jahre alt
daß die kinder zur schule gehen können
und auch die älteren frauen wie ich
daß der kaffee geerntet und medizin verteilt
und keiner vergessen wird

Eine große decke breite aus
gehalten von allen die das land lieben
die jungfrau maria hat einen mantel
und der heilige franz ein festkleid
das er seinem reichen vater vor die füße warf
und ho chi minh trug ein bauernhemd wie sandino
aus all diesem stoff ist die decke gewebt

Eine große decke breite aus
aus wünschen die soviel zärtlichkeit atmen
daß sie gebete werden
und lieben ist das tätigkeitswort
das zu gott gehört
so kommt die decke von gott

Eine dunkle decke
ausgebreitet die hoffnung der armen zu schützen
bis die nacht endet
bis endlich die nacht endet

Mystik und Widerstand

Dass endlich die Nacht enden könnte, ist eine vorsichtig aufkeimende Hoffnung in dieser Zeit. Der Grund dafür liegt in den weiter an Kraft gewinnenden Befreiungsbewegungen und den Reformbestrebungen in der Sowjetunion. Mit der Durchbrechung der Logik des »Kalten Krieges« und der Entstehung eines freiheitlichen und offenen Sozialismus würde der Ost-West-Konflikt als Begründung für die Gewalt im Nord-Süd-Konflikt wegfallen. Die letzten großen Aktionen der Friedensbewegung in Deutschland werden von dieser Hoffnung durchweht. Dabei eint der »konziliare Prozess für Gerechtigkeit, Frieden und Bewahrung der Schöpfung« die christlichen Friedensgruppen in beiden deutschen Staaten. Sie rücken näher zusammen, gestärkt von der Vision des sowjetischen Präsidenten Michail Gorbatschow, der von einem gemeinsamen Haus Europa spricht, von der Notwendigkeit, gegen Armut und Gewalt gemeinsam vorzugehen, bevor diese Probleme im weltweiten Terrorismus eine neue Dimension erhalten. Seine Worte entfachen Optimismus und Begeisterung in Ost und West, aber er bleibt am Ende ein Rufer in der Wüste, über den die Geschichte hinweggeht.

Am Ende sind es die Befreiungs- und Reformbewegungen, die an der Übermacht ihrer Gegner und sicher auch an ihren eigenen Schwächen und Fehlern scheitern. Die erste große Niederlage erleidet das Hoffnungsprojekt Nicaragua. Ende 1986 finden hier Wahlen statt, die die konservativen Kräfte, massiv unterstützt von der US-

Regierung, knapp für sich entscheiden. Wahlbeobachter aus vielen Ländern sind angereist, um die Durchführung der Wahlen zu überwachen. Unter ihnen ist auch Dorothee Sölle, die hier Anne, die Frau ihres New Yorker Kollegen Tom Driver, wiedersieht. »Die Menschen waren erschöpft von dem Krieg der Contras und von den Folgen der Destabilisierung des Landes«, sagt diese.[1] Als das Wahlergebnis verkündet wird, liegen sich Anne und Dorothee weinend in den Armen. Es ist wie ein Vorbote der »Wende«, die im Jahr 1989 endgültig das Ende einer Ära herbeiführt, die von revolutionären Hoffnungen und Enttäuschungen, Siegen und Niederlagen gleichermaßen geprägt war. Viele Menschen in den westlichen Ländern und noch mehr in der Dritten Welt hatten in der sozialistischen Staatengemeinschaft sicher kein »Paradies«, aber doch ein alternatives Modell gesehen, das bei aller »solidarischen Kritik« Unterstützung beanspruchen konnte bei seinem Versuch, aus den ausbeuterischen Strukturen des Marktes und der Banken auszusteigen. Auf dieser Linie lag auch die Position des Evangelischen Kirchenbundes in der DDR, der sich zur Mitarbeit an einem »verbesserlichen Sozialismus« aufgerufen sah. Die Katastrophen und Perversionen des Stalinismus und der maoistischen Kulturrevolution waren längst überwunden, eine neue Generation traf sich zu »neuem Denken« und erörterte Möglichkeiten einer sozialistischen Reform- und Entspannungspolitik. Aber sie konnten den ökonomischen und politischen Zusammenbruch ihrer Gesellschaft nicht mehr aufhalten.

Dorothee Sölle schreibt in ihrem letzten Buch »Mystik und Widerstand«: »Wir leben seit 1989 in einer vereinheitlichten Wirtschaftsordnung der Technokratie, die eine absolute Verfügung über Raum, Zeit, Schöpfung beansprucht und herstellt. Die Maschine, getrieben vom

Auch den Zusammenbruch der DDR und die »Wende« in Deutschland begleitete Dorothee Sölle kritisch mit ihrem Buch »Mystik und Widerstand« (1999)

Zwang, mehr zu produzieren, läuft, von technologischen Erfolgen unvorstellbaren Ausmaßes bestätigt. Sie ist auf ein ›Mehr‹ an Schnelligkeit, Produktivität, Verbrauch und Gewinn für etwa zwanzig Prozent der Menschheit hin programmiert. Dieses Programm ist effektiver und gewalttätiger als alle historischen Großreiche mit ihren babylonischen Türmen.«[2] Inzwischen zeigt sich das System des globalisierten Kapitalismus in seiner Effektivität und Gewalttätigkeit. Die Schere zwischen Arm und Reich öffnet sich immer weiter, nicht nur zwischen den reichen Ländern und den Armutsregionen, sondern auch in den Gesellschaften der reichen Länder selbst. Die Ausgrenzung ganzer Gruppen von »überflüssigen« Ländern und Menschen schreitet weiter voran. Gleichzeitig machen Flüchtlingswellen und Hungerrevolten, lokale gewalttätige Konflikte und Terrorismus deutlich, dass es kein Ende der Gewalt ohne die Herstellung von Gerechtigkeit geben wird. Angesichts dieser Realität stellt sich nicht nur die Frage nach veränderten Formen des Widerstands, sondern auch nach neuen Kraftquellen und Motivationen. Der Lyriker und Brecht-Schüler Heinz Kahlau, bekennender Atheist und Kommunist, schrieb bereits in den Jahren der allmählich stagnierenden und untergehenden DDR:

> Weh
> wenn die Erfahrungen
> über die Hoffnungen siegen
> Ohne Hoffnungen
> Keine Erfahrungen mehr
> Und
> Wo die Erfahrungen enden
> Beginnt der Glaube
> Aber genau das ist die Stelle
> An der auch
> Die Zukunft beginnt[3]

Ein solcher Glaube ist lebensnotwendig geworden, aber er ist nicht mehr konfessionell gebunden. Er richtet seine Hoffnung darauf, dass die imperialen Mächte und ihre babylonischen Türme zusammenbrechen werden, dass von ihnen wie beim Turmbau zu Babel nur noch Ruinen bleiben, dass aber die Seufzer und Schreie derer, die geschunden wurden beim Bau der Pyramiden und in den Steinbrüchen von Flossenbürg und Mauthausen, zum Himmel dringen und Gott zum Eingreifen bewegen wie in der großen Erinnerung an die Befreiung der hebräischen Fremdarbeiter aus dem Sklavenhaus Ägypten. In

In einer Zeit, in der sich viele abfinden mit dem Recht des Stärkeren in Wirtschaft und Gesellschaft, erinnert Sölle daran, dass ein Volk ohne die Vision von Gerechtigkeit und Solidarität zugrundegeht

diesem Glauben weiterzuleben und zu handeln bedeutet, weiter zu träumen und zu beschreiben, was Utopie und Vision, Suche nach Heimat und Sehnsucht nach Frieden, Hunger nach Gerechtigkeit und Verlangen nach Heilwerden heute bedeuten. Es gilt, den Zweifel daran zu säen, dass diese Welt die beste aller Welten oder zumindest die einzig mögliche sei. Das ist der Ansatz für die Verbindung von Mystik und Widerstand: das »Nein zur Welt, wie sie jetzt ist!«.

Dorothee Sölle redet und schreibt in diesen Jahren unermüdlich für diesen Widerstand und diese Hoffnung, gegen Zynismus und Resignation an. In einer Zeit, in der sich viele mit dem Recht des Stärkeren in Wirtschaft und Gesellschaft abfinden, erinnert sie daran, dass ein Volk ohne die Vision von Gerechtigkeit und Solidarität zugrunde geht. Dieses biblische Motto bleibt auch jetzt ihr Begleiter bei der kompromisslosen Suche nach Wegen der Befreiung für die ganze Menschengemeinschaft. Es wird begleitet von der prophetischen Verheißung, dass die unaufhörliche und leidenschaftliche Suche nach Gott Teil dieses Befreiungsweges ist, der einmal ans Ziel kommen wird: »So ihr mich von ganzem Herzen suchen werdet, werde ich mich von euch finden lassen.« In diesem Zusammenhang wird sie nun auch noch einmal neu nach dem Sinn des Leidens, nach Christus und dem »fernnahen Gott« fragen:

»Leiden trennt nicht notwendigerweise von Gott, sondern vermag uns gerade in Beziehung zu dem Geheimnis der Wirklichkeit zu setzen. Christus nachzufolgen bedeutet, teilzunehmen an seinem Leiden … Mitleiden in diesem Sinne, *compassio,* … entsteht angesichts der realen Situation anderer unschuldig Leidender aus Solidarität mit ihnen … Ohne Compassio keine Auferstehung … Es ist nicht Dolorismus, der Leiden sucht und sie sich auswählt, sondern ein mystischer Umgang mit der Realität, der aus dem passiven Überwältigtwerden zu einer freiwilligen Anteilhabe am Leiden der Erniedrigten und Beleidigten kommt ... Annahme entreißt der eisigen Sinnlosigkeit ihre Macht, weil sie an der Wärme Gottes ›auch im Leide‹ festhält. ›Opfer‹ bedeutet in diesem Zusammenhang nicht, daß ... dem Leiden in sich eine Heilsqualität zukäme; wohl aber spricht der Begriff die Partizipation der Menschen aus, die sich nicht abfinden, sondern in einem mystischen Trotz mitleidend darauf bestehen, daß nichts verlorengeht.«[4]

Hier wird schließlich deutlich, was für Dorothee Sölle am Ende die entscheidende Quelle der Kraft und der Inspiration geblieben ist: zum einen das »Trotz alledem« des jüdischen Glaubens, das die Widerstandstradition beider Testamente begründet hat, das »Dennoch bleibe ich stets an dir« des Menschen, der mit hartnäckiger Zärtlichkeit auch an dem verborgenen Gott festhält. In dem für sie existenziellen christlich-jüdischen Dialog, in dem Versuch, von Gott »nach Auschwitz« zu reden, hat sie den befreienden Gott Israels ebenso wiederentdeckt wie Jesus, den »jüdischen Proletarier«, der als messianischer Prophet und Lehrer der Gerechtigkeit Opfer des römischen Imperiums – und seitdem *jedes* Imperiums – wurde. Damit verbunden ist die Wiederentdeckung und Wertschätzung der Weisung Gottes, der Tora, die in ihrer geschriebenen Form, der Torarolle, von der jüdischen Gemeinde mitgenommen wurde in die Verbannung und ins Exil, die gerettet wurde aus den Flammen des Warschauer Gettos und mitgebracht werden wird in ein gelobtes Land. Diese Tradition ist das Besondere, das Christen und Juden in den Menschheitstraum von einem neuen Morgen einbringen können. Die andere Tradition ist die der widerständigen Mystik, die die Visionen Dorothee Sölles mit denen der Gottsucher, Wahrheitssucher und Heimatsucher in vielen Völkern und Kulturen verbindet. In dem Versuch, mystische Erfahrung in der heutigen Welt zu beschreiben, greift sie am Ende auf den Bericht einer amerikanischen Studentin aus dem New Yorker Seminar zurück. »In einer Winternacht wachte sie morgens um vier auf, ging hinaus und sah die Sterne am frostklaren Himmel. Sie erlebte ein für sie einmaliges Glücksgefühl, ein Gefühl der Verbundenheit mit dem Ganzen des Lebens, mit Gott, eine Erfahrung von überwältigender Klarheit, von Getragensein und Aufgehobensein. Sie sah die Sterne, als hätte sie sie noch nie gesehen. ›Es kann nichts passieren, ich bin unzerstörbar, ich bin eins mit dem Ganzen.‹ Mit diesen Worten beschrieb sie das Erlebnis. Es habe sich dann nicht wiederholt, bis ihr in einem ganz anderen Kontext … etwas Ähnliches zugestoßen sei. Der andere Kontext war eine große Demonstration gegen den Vietnamkrieg. Auch da habe sie gewußt, daß sie aufgehoben sei: ein Teil eines Ganzen, ›nicht kaputtzukriegen‹, mit anderen zusammen …

Angenommen, diese junge Frau hätte im 14. Jahrhundert in Flandern gelebt, dann hätten ihr andere Sprachtraditionen zur Verfügung gestanden, die es erlaubten zu sagen, ›ich hörte eine Stimme‹ oder ›ich sah ein Licht, heller als alles‹.«[5]

Gegen den tod

Ich muss sterben
aber das ist auch alles
was ich für den tod tun werde

Alle andern ansinnen
seine beamten zu respektieren
seine banken als menschenfreundlich
seine erfindungen als fortschritte der wissenschaft
zu feiern
werde ich ablehnen

All den anderen verführungen
zur milden depression
zur geölten beziehungslosigkeit
zum sicheren wissen
dass er ja sowieso siegt
will ich widerstehen

Sterben muss ich
aber das ist auch alles
was ich für den tod tu

Lachen werd ich gegen ihn
geschichten erzählen
wie man ihn überlistet hat
und wie die frauen ihn
aus dem land trieben

Singen werd ich
und ihm land abgewinnen
mit jedem ton

Aber das ist auch alles
Dorothee Sölle[6]

Verrückt nach Licht

Rebellin und Mystikerin bis ins hohe Alter: Dorothee Sölle

Den Beginn ihres bewussten Lebens hatte sie als »anfangloses Dunkel« beschrieben. Am Ende ist sie »verrückt nach Licht«.

Im Sommer 1993 wird Dorothee schwer krank, ist tagelang nicht bei Bewusstsein. Danach kommen die Themen »leichter werden« und »die Langsamkeit akzeptieren« in ihr Leben. Das vor allem fällt ihr unendlich schwer: »Altwerden heißt zur Zeit für mich, daß meine Ungeduld mit mir selber wächst.«[1] Zur Ruhe setzen kann sie sich nicht; kaum ist sie einigermaßen wiederhergestellt, ist sie wieder unterwegs mit Bibelarbeiten, Vorträgen und Lesungen, neuerdings auch mit der »Grupo Sal«, einer Musikgruppe aus Deutschen und Lateinamerikanern, die auch Ernesto Cardenal bei seinen Konzertlesungen begleitet. Zwei wichtige Projekte entstehen in diesen Jahren: die autobiografischen Erinnerungen »Gegenwind« und das Buch »Mystik und Widerstand«. Noch einmal neu und intensiv wird die Beziehung zu ihren Kindern. Eines ihrer Bücher, der Reisebericht aus verschiedenen Ländern Lateinamerikas, ist der Tochter Caroline gewidmet, die ihr wohl am ähnlichsten ist:

Für Caroline in Carabuco
die vieles tut
von dem ich nur träumen konnte
manches lebt
dem ich mit Wörtern behangen nachlaufe
einiges leidet
vor dem ich sie gern behütet hätte
weit fortgegangen und doch näher
der Erinnerung an das Feuer
die wir alle zum Leben brauchen
Töchter und Mütter[2]

Caroline lebt mit ihrem Mann Manuel Hilari und den Kindern Miguel, Johanna und Samuel in den bolivianischen Anden und arbeitet dort als Ärztin. Die Vortrags- und Buchhonorare von Dorothee und Fulbert kommen ihrem Medizinprojekt *Andean Rural Health Care* zugute. Ihrem Sohn Martin widmet Dorothee das Buch »Gegenwind«: »Meinem Sohn Martin, dem Existentialisten, wie ein jüdischer Freund ihn als Baby Martin Heideggers wegen nannte, der dem heiligen Martin von Tours folgend lieber alte Leute pflegte, als Kriege vorzubereiten, dem Skeptiker, der mit Distanz zum dritten Namenspatron, dem großen Martin Luther, und doch nicht ohne Protest lebt, höflicher als seine Mutter, verhaltener als seine Schwestern, verläßlicher als die ganz Bande bis auf den heutigen Tag.«[3] So unterschiedlich die Lebensläufe ihrer Kinder sind, sie alle haben auf ihre Weise das Gegenprogramm ihrer Mutter zum großbürgerlichen Lebensentwurf fortgeführt. Auch mit ihren anderen Kindern hat Dorothee intensiven Kontakt, jeden Sonntag werden alle angerufen. »Sie hat die Familie zusammengehalten«, sagt ihre Tochter Mirjam Steffensky. Sie erlebt ihre Mutter am ehesten aus der Nähe, sie selbst ist eine junge Wissenschaftlerin und Mutter von »Lottchen«, für die Dorothee eine begeisterte »Mumama« wird. In Mirjams Erinnerungen wird Dorothee noch einmal in ihrer ganzen schönen Widersprüchlichkeit sichtbar. Einfach und bedürfnislos sei sie gewesen und dann wieder anspruchsvoll und ein bisschen elitär. Sie tritt mit ihren Schnäppchen vom Flohmarkt auf und dann wieder in einem teuren Mantel aus einer Schweizer Boutique. Sie kann schroff sein und einfühlsam, eisern und verwundbar, frei und autonom und dann auch wieder schutzbedürftig und angewiesen. In diesen letzten Jahren ihres Lebens wird ein letzter Widerspruch deutlich: Dorothee hat immer wieder nach Heimat gesucht und ist zugleich über viele Grenzen gegangen. Sie hat selbst einmal geäußert, dass Heimatlosigkeit zur Kunst der Grenzüberschreitung führt. Entgrenzung und Einwurzelung sind auch am Ende ihr Lebensthema, das Paradox der Endlichkeit und der Grenzenlosigkeit.

Äußerlich haben sich viele Dinge geklärt. Das Haus in Hamburg ist zu einem Zuhause geworden. Die Auseinandersetzungen der früheren Zeit sind ausgestanden oder haben an Schärfe verloren, Angriffe und Ausgrenzungen sind weitgehend Geschichte. Die vielfach geschmähte

Dorothee Sölle und Fulbert Steffensky treten in den letzten Jahren ihres gemeinsamen Lebens immer häufiger als Paar bei Streitgesprächen und Dialogpredigten auf

Dorothee Sölle wird allmählich zur vielfach geehrten Ikone, »unser aller Dorothee«, wie Mirjam spitz bemerkt. Die »Körbe voller Hassbriefe« sind Vergangenheit. Eine kleine Auswahl wird in einem Umschlag mit der Aufschrift »Schmutz und Schund« verwahrt. In vieler Hinsicht ist das Leben einfacher geworden: Es ist einfach ein Glück, überhaupt zu leben. Was gehört dazu, um auf der Erde beheimatet zu sein? Manches kommt wieder aus dem ersten Kapitel der Lebensgeschichte: die Natur, Blumen und Gräser, die ungestört im Garten wuchern, dazwischen die geliebten Rosen, »sunder warumbe«, die Bäume, das Wasser, das wechselnde Licht. Singen und Schwimmen bleiben Leidenschaften bis zuletzt, das Klavierspiel, der Madrigalchor der Hamburger Kirchengemeinde. Und schließlich »Steff«: Sie haben zusammen gelebt, mal mehr, mal weniger, sie haben zusammen gelacht und geweint, gearbeitet und gestritten, sie haben aufeinander aufgepasst, mal der eine mehr auf den anderen und umgekehrt, und immer gemeinsam für die Vision, die sie einmal zusammengeführt hat: »Die Liebe läßt sich nicht von der Gerechtigkeit trennen, und die sexuellen Beziehungen nicht von der politischen Klarheit, in der wir in unserer Welt leben sollten. Liebe ist kein Schlaraffenland, kein Schlupfwinkel, keine Insel zu zweit. Die wirkliche Liebe ist auf die Welt bezogen. Ich erinnere mich an einen Satz, der aus den 68er Jahren stammt: The more I make love the more I want to make the revolution. Um so mehr ich liebe, um so mehr will ich eine andere Welt als die, in der wir leben. Diese ungeteilte Liebe zum Leben brauchen wir in allen unseren Zeiten.«[4] Das sagt eine alte Frau in einer Predigt in Bethel, wo ihre behinderte Tochter Michaela in einer therapeutischen Wohngemeinschaft lebt. In allen unseren Zeiten brauchen wir die Liebe zum Leben, die dem Tod entgegentritt. Dieser Gedanke begleitet Dorothee und Fulbert in ihren letzten gemeinsamen Jahren. Die beiden alten Liebenden sieht man nun immer öfter bei gemeinsamen Auftritten, gut inszenierten Streitgesprächen und Dialogpredigten. Sie haben ihr eigenes Zimmer und ihren eigenen Schreibtisch, aber manchmal kommt Dorothee bei »Steff« einfach rein und sagt: »Ich will nur ein bisschen stören.«

Und doch ist dieses letzte Kapitel Lebensgeschichte nicht einfach idyllisch. Die Freude an den wichtigen Dingen des Lebens und die Bejahung der Endlichkeit sind begleitet von der Sehnsucht nach Grenzenlosigkeit und der Suche nach Wahrheit und Erkenntnis. Das große Alterswerk »Mystik und Widerstand«, in dem alles noch einmal zusammengefasst ist, was Dorothee Sölles Leben und Denken ausgemacht hat, ist erkämpft worden mit vielen Zigarillos und viel Rotwein, in innerlicher und äußerlicher Verausgabung bis an die Grenzen der körperlichen Kraft. Und der Blick in die Welt ist mit der gleichen Leidenschaft verbunden wie der Blick nach innen und in die Tiefe, mit der Suche nach Gott in und hinter allen Dingen. Immer noch ist sie ein bisschen Jeanne d'Arc, aber mehr noch wie Simone Weil und Dorothy Day, ohne Rüstung, dünnhäutig, die Haut ein »Fenster der Verwundbarkeit«: »Wenn wir tief genug in unsere eigene Situation eintauchen, werden wir einen Punkt erreichen, an dem theologische Reflexion nötig wird. Der einzige Weg, um diesen Punkt zu erreichen, an dem wir aufmerksam werden auf unser Verlangen nach Gebet, nach Hoffnung, nach Geschichten von Menschen, die befreit worden sind, ist es, tief genug in unseren sozialgeschichtlichen Kontext einzudringen ... Wir müssen diesen Punkt, von dem es kein Zurück gibt, erreichen, an dem wir neu wissen, daß wir Gott brauchen. Dies ist die Basis für Theologie.«[5] Mehr noch: für Theopoesie und Mystik. »Mystik ist die Erfahrung der Einheit und der Ganzheit des Lebens«, schreibt Fulbert Steffensky. »Mystische Lebenswahrnehmung, mystische Schau ist dann auch die unerbittliche Wahrnehmung der Zersplitterung des Lebens. Leiden an der Zersplitterung und sie unerträglich finden, das gehört zur Mystik. Gott zersplittert zu finden in arm und reich, in oben und unten, in krank und gesund, in schwach und mächtig, das ist das Leiden der Mystiker. Der Widerstand ... wächst aus der Wahrnehmung der Schönheit. Und das ist der langfristigste und der gefährlichste Widerstand, der aus der Schönheit geboren ist.«[6] – und aus dem Protest gegen ihre Verletzung und Gefährdung. Er wird entfacht von jenem Licht, von dem es im Johannesevangelium heißt, dass es in die Finsternis kam und trotz allem von der Finsternis nicht überwältigt werden konnte. Zu Menschen, in denen dieses Licht brennt, gehört der rasende Zorn über die Mächte der Dunkelheit und die trotzige Entschlossenheit, die Finsternis niemals Herr werden zu lassen über das Licht. Mystik ist Widerstand, nicht religiöse Wellness, sondern heiliger Zorn und Raserei, *»a raging against the dying of the light«*, wie Beverly Harrison in ihrer Gedenkrede für Dorothee sagen wird, ein Rasen gegen das Sterben des Lichts. Der Gedanke stammt aus einem Gedicht von Dylan Thomas: *»Do not go gentle into that good night – rage, rage against the dying of the light!«*

Doch das ist nur die eine Seite – das Sich-Versenken in Gott und das Aufgehobensein in der Liebe Gottes, dem großen Ganzen, ist die andere. Das Licht ist da, auch ohne unser Rasen und Kämpfen. Auf dem Grabstein werden die Worte des Psalms 36 stehen: »In Deinem Licht sehen wir das Licht.« Das steht auch auf der Traueranzeige der Familie, und: »Gott und das Glück war das letzte Thema, zu dem sie gesprochen hat. Sie hatte große Träume, und sie hat eingestimmt in die Endlichkeit des Lebens.«

Der Grabstein Dorothee Sölles
auf dem Friedhof in Hamburg-Ottensen

Gott umarmen

»Wenn du nur Glück willst, willst du nicht Gott«, das ist Dorothees letzter Vortrag, gehalten am 25. April 2003 in der Evangelischen Akademie Bad Boll. Eine Aufnahme ihrer Rede verrät nichts von Alter oder gar Todesnähe. Ihre Stimme ist klar und fest bis zuletzt, wie immer, wenn es ihr um die Sache geht, die sie inspiriert und am Leben hält. Am nächsten Abend liest sie aus Gedichten und Texten, auch aus dem Brief an ihre Kinder. »Vergeßt das Beste nicht! Ich meine damit, daß ihr Gott manchmal lobt, nicht immer, aber doch manchmal, wenn ihr sehr glücklich seid, so daß das Glück ganz von selbst in die Dankbarkeit fließt ...«[1] Aber Gott ist nicht nur Glück und das Leben auch nicht. »Über einen dunklen Fluss übersetzen, das müssen wir alle immer wieder«, sagte sie in einer Predigt über Jakob, der vor dem Überqueren des Flusses auf dem Weg zurück in seine Heimat mit Gott gekämpft hat. »Unser Leben ist eine Reise, die unterbrochen wird durch schmerzhafte Lebensübergänge.« Gott wird dabei nicht nur als Glück erfahren, sondern auch als verborgene und dunkle Macht. Alles kommt darauf an, sich dadurch nicht von ihm trennen zu lassen, sondern mit ihm zu kämpfen wie Jakob und wie er am Ende zu sagen: »Ich lasse dich nicht, du segnest mich denn. Ich lasse mich nicht trennen, ich lasse mich nicht abschneiden von der großen Kraft des Lebens, die uns trägt.«[2]

Wer nicht nur Glück, sondern auch Gott will, kommt nicht herum um die großen Klagen, Fragen und Anrufungen, die sich schon in den biblischen Texten finden:

Sei nicht zersplittert, Gott! Gott, werde heil und mache uns heil. Zeige dich, Gott, wie lange noch bleibst du verborgen? Aber auch: Dennoch halte ich stets an dir und spreche: Du bist mein Gott, auf den ich hoffe! Solange die Welt nicht heil ist, ist auch Gott nicht heil, sondern zersplittert und verborgen, immer wieder auch selbst Opfer der Gewalt. Die Gegenseitigkeit der Gottesbeziehung führt zuletzt wieder zu der Erkenntnis, dass Gott zum Heilwerden unsere Hilfe braucht wie wir seine. Am Ende steht immer noch der Tod; aber stark wie der Tod ist die Liebe: »Ich habe keine Angst vor Ihnen, Mr. Death. Was ich fürchte, ist das Alleingelassen-Werden, wenn mein Lache-und-Weine Partner vor mir fort muss ... Manchmal vermute ich, dass Liebe – falls wir wissen, was wir mit diesem Wort sagen – das Einzige ist, wovor Sie Respekt haben. In diesem Sinne möchte ich Sie bitten, uns nicht zu trennen.«[3] Das ist am Ende Dorothees großer Wunsch, und er wird ihr erfüllt. Am Abend des 26. April sitzen beide in Bad Boll mit guten Freunden zusammen, trinken Wein und freuen sich an dem gemeinsamen Abend. Am frühen Morgen des 27. April wird Dorothee mit einem schweren Herzinfarkt in das nahe gelegene Krankenhaus gebracht. Dort ist sie drei Stunden später ruhig gestorben. »Steff« wird bis zuletzt bei ihr sein, Psalmen beten und Lieder singen, von Gott und von Jesus, dem gekreuzigten Bruder:

»Ich will hier bei dir stehen, verachte mich doch nicht,
von dir will ich nicht gehen, wenn dir dein Herze
bricht.
Wenn dein Haupt wird erblassen im letzten Todesstoß,
alsdann will ich dich fassen in meinen Arm und
Schoß«,

singt Paul Gerhardt in seinem mystischen Passionslied. Dorothee, die Gott liebte und von ganzem Herzen suchte, die mit ihm kämpfte und ihn provozierte, findet sich mit ihm vereint in der Gemeinschaft mit dem leidenden Christus.

»Wenn ich einmal soll scheiden, dann scheide nicht von mir.
Wenn ich den Tod soll leiden, dann tritt du dann herfür.
Wenn mir am allerbängsten wird um das Herze sein,
dann reiß mich aus den Ängsten kraft deiner Angst und Pein.«

Es sind die letzten Worte und Töne, auf die die Sterbende noch einmal reagiert.

Am Ende der Suche und der Frage nach Gott steht keine Antwort, sondern eine Umarmung.

Anmerkungen

Träume mich, Gott

1 Dorothee Sölle, Ich dein baum, in: Loben ohne Lügen. Gedichte. © Wolfgang Fietkau Verlag, Kleinmachnow. Auch enthalten in: dies., Gesammelte Werke Band 8: Das Brot der Ermutigung, hg. von Ursula Baltz-Otto und Fulbert Steffensky, Kreuz-Verlag Stuttgart 2008, S. 206.
2 Renate Fresow, Vera Sebastian, »Leben, ohne Angst zu haben«, Liedprogramm mit Texten von Brecht, Tucholsky und anderen zur Musik von Hanns Eisler.
3 Aus: Johannes R. Becher: Gesammelte Werke. 18 Bände (hg. vom Johannes-R.-Becher-Archiv der Akademie der Künste der Deutschen Demokratischen Republik); Band 6: Gedichte 1949–1958. © Aufbau Verlag GmbH & Co. KG, Berlin 1973

Compañera Dorothee Sölle presente!

1 Bärbel Wartenberg-Potter im Podiumsgespräch »Vergiss das Beste nicht!« bei der Gedenkveranstaltung für Dorothee Sölle an der Evangelischen Akademie in Bad Boll (Anm. 5).
2 Fulbert Steffensky, Nachwort zu einem Leben, in: Hamburger Universitätsreden, Neue Folge 8, Zum Gedenken an Dorothee Sölle, Hamburg 2004, S.101–108.
3 Ebd., S. 101.
4 Dorothee Sölle, Mystik und Widerstand, München 1999, S.19 f.
5 »Die kleine Schwester der Mystik«, Vortrag zur Gedenkveranstaltung »... und ist noch nicht erschienen, was wir sein werden«, Dorothee Sölles Bedeutung für ein Christentum der Zukunft, vom 23.–25. April 2004 an der Evangelischen Akademie in Bad Boll, Protokolldienst 11/04, S. 38.
6 Fulbert Steffensky, Nachwort zu einem Leben, S. 102 f.
7 Dietrich Bonhoeffer, Nach zehn Jahren, in: Dietrich Bonhoeffer, Werke (im Folgenden als DBW abgekürzt) 8, Widerstand und Ergebung, Gütersloh 1998, S. 32.

8 Fulbert Steffensky, Nachwort zu einem Leben, S. 106.

Im Dunkel einer deutschen romantischen Jugend

1 Dorothee Sölle, Gegenwind, München 1999, S. 11.
2 Ebd., S. 12.
3 Ebd., S. 18.
4 Ebd., S. 19.
5 Ebd., S. 23 f.
6 Ebd., S. 21.
7 Ebd., S. 22.
8 Ebd., S. 25 f.
9 Ebd., S. 26.
10 Ebd., S. 36.
11 PUBLIK FORUM Extra, Dorothee Sölle, eine feurige Wolke in der Nacht, Oberursel 2004, S. 6.
12 Ebd.

Hineingehalten in das Nichts

1 Gegenwind, S. 29.
2 Ebd., S. 27.
3 Ebd., S. 28.
4 Ebd., S. 29.
5 Ebd., S. 38.
6 Ebd., S. 39.
7 Marie Veit, Von Bultmann zur Didaktik des Religionsunterrichtes – Eine Testamentsvollstreckung, Festvortrag aus Anlass der Goldenen Promotion am 18. 12. 1996 in Marburg, unveröffentlichtes Skript, S. 3.
8 Ebd., S. 2 f.
9 Gegenwind, S. 32
10 Gegenwind, S. 32 f.
11 Ebd., S. 33.
12 Ebd., S. 34.
13 Ebd., S. 34 f.
14 Ebd., S. 31.
15 Ebd., S. 37.

Auf der Suche nach einer neuen Heimat

1 Gegenwind, S. 31.
2 Ebd.
3 Ebd., S. 51.
4 Inge Scholl, The White Rose, Introduction by Dorothee Sölle, Middletown, Connecticut 1983, p. X.
5 Volker von Törne, Im Lande Vogelfrei, Gesammelte Gedichte, Berlin 1981, S. 163.
6 Gegenwind, S. 41; Dorothee Sölle, Anstiftung zur Zivilcourage, Freiburg, Basel, Wien 1983, S. 108.
7 Gegenwind, S. 41.
8 Ebd., S. 42.
9 Ebd., S. 42 f.
10 Ebd., S. 43.
11 Ebd., S. 43 f.
12 Margot Zmarzlik, Die Geschichte einer Freundschaft, in: PUBLIK-FORUM EXTRA, Dorothee Sölle, eine feurige Wolke in der Nacht, Oberursel 2004, S. 8.
13 Gegenwind, S. 18.

Ein Kapitel Theologie nach dem Tod Gottes

1 Gegenwind, S. 141.
2 Ebd., S. 138 f.
3 Interview mit Mirjam Steffensky in Hamburg am 16. Mai 2008.
4 Gegenwind, S. 140.
5 Dorothee Sölle, Stellvertretung. Ein Kapitel Theologie nach dem »Tode Gottes«, Stuttgart 1965 und 1982, S. 7 f.
6 DBW 8, S. 436.
7 Ebd., S. 560.
8 Mystik und Widerstand, München 1999, S. 15 f.
9 Stellvertretung, S. 11.
10 DBW 8, S. 535.
11 Stellvertretung, S. 179.
12 Dorothee Sölle, Meditationen & Gebrauchstexte, Gedichte. © Wolfgang Fietkau Verlag, Berlin 1969. Auch enthalten in: dies., Gesammelte Werke, Band 8: Das Brot der Ermutigung, hg. von Ursula Baltz-Otto und Fulbert Steffensky, Kreuz-Verlag Stuttgart 2008, S. 34 f.

Begegnungen in Jerusalem

1 Dorothee Sölle, Gegenwind, Hamburg 1995, S. 39.
2 Dorothee Sölle, Der Glaube macht alle Bethlehems und Jerusalems besser, als sie sind ..., in: Micha Brumlik (Hg.), Mein Israel, 21 erbetene Interventionen, Frankfurt/Main 1998, S. 45–58, hier S. 55.
3 Ebd., S. 58.
4 Ebd., S. 55.
5 Dorothee Sölle/Peter Bichsel/Klara Obermüller, Teschuwa, Umkehr. Zwei Gespräche, Zürich 1989.
6 Ebd., S. 55 f.
7 Interview mit Fulbert Steffensky am 17. 05. 2008 in Hamburg.
8 Gegenwind, S. 170 f.
9 Interview mit Fulbert Steffensky vom 17. 05. 2008.
10 Gegenwind, S. 169.
11 Widmung des Buches »Im Hause des Menschenfressers«, Reinbek b. Hamburg 1981.
12 Dorothee Sölle, Meditationen & Gebrauchstexte, Gedichte. © Wolfgang Fietkau Verlag, Kleinmachnow.

Politisches Nachtgebet

1 Gegenwind, S. 71 f.
2 PUBLIK FORUM Extra, S. 15.
3 Gegenwind, S. 73.
4 Ebd., S. 81 f.
5 Unveröffentlichtes Manuskript, zur Verfügung gestellt von Fulbert Steffensky.
6 Almanach 4 für Literatur und Theologie, Wuppertal 1970, S. 206 f.
7 DBW 8, S. 435.
8 Statement von Luise Schottroff für das SWF-Fernsehen in der Sendung »Blick ins Land« am 08. 02. 1974.
9 Interview mit Luise Schottroff am 19. 04. 2008 in Kassel.
10 Dorothee Sölle; Meditationen & Gebrauchstexte, Gedichte. © Wolfgang Fietkau Verlag, Kleinmachnow. Auch enthalten in: dies., Gesammelte Werke Band 8, S. 39.

On n'arrête pas le soleil

1 Karte aus Vietnam von 1972, von Luise Schottroff freundlich zu Verfügung gestellt.
2 Dorothee Sölle, Die revolutionäre Geduld. Gedichte: 2 Der frieden und 6 Verschiedene antworten © Wolfgang Fietkau Verlag, Kleinmachnow.
3 Gegenwind, S. 92 f.
4 Julia Esquivel, unveröffentlichtes Skript von einer Veranstaltung im Ökumenischen Zentrum in Bossey/Schweiz, 1981.
5 Ernesto Cardenal, Brief an Monsignore Casaldàliga, Wuppertal 1985.
6 Renate Wind, Bis zur letzten Konsequenz. Die Lebensgeschichte des Camilo Torres, Weinheim und Basel 1993, S. 70 f.
7 Ernesto Cardenal, Zerschneide den Stacheldraht. Lateinamerikanische Psalmen, © Peter Hammer Verlag, Wuppertal 1967, 1969, S. 12 f.
8 Gegenwind, S. 58.
9 Ebd.
10 Dorothee Sölle/Klaus Schmidt (Hg.), Christen für den Sozialismus, Stuttgart 1975, S. 12.
11 Dorothee Sölle, Die revolutionäre Geduld. Gedichte: 8 Der bürgermeiser der stadt hanoi © Wolfgang Fietkau Verlag, Kleinmachnow.

Leiden und Leidenschaft

1 PUBLIK FORUM Extra, S. 19.
2 Aus der letzten Rede des chilenischen Präsidenten Salvador Allende am 11. September 1973 in Santiago de Chile am Morgen des faschistischen Militärputsches kurz vor seinem Tod.
3 DBW 8, S. 535.
4 Dorothee Sölle, Fliegen lernen. Gedichte. © Wolfgang Fietkau Verlag, Kleinmachnow.
5 DBW 8, S. 534.
6 Dorothee Sölle, Leiden, Stuttgart 1973, ^{5}1980, S. 165.
7 Ebd., S. 172.
8 Dorothee Sölle, Zivil und ungehorsam. Gedichte. © Wolfgang Fietkau Verlag, Kleinmachnow. Auch enthalten in: dies., Gesammelte Werke Band 8, S. 114.

Hinreise

1 Dorothee Sölle, Die Hinreise, Stuttgart 1975.
2 Ebd., S. 26.
3 Brief von Dorothee Sölle an Luise Schottroff vom 31. 03. 1975, von Luise Schottroff freundlich zur Verfügung gestellt.
4 Gegenwind, S. 299.
5 Gespräch mit Luise Schottroff am 19. 04. 2008 in Kassel.
6 Hinreise, S. 138.
7 Ebd., S. 137.
8 Ebd., S. 157 f.
9 Dorothee Sölle, Ich will nicht auf tausend Messern gehen, S. 145 ff.
10 Dorothee Sölle, Loben ohne Lügen. Gedichte. © Wolfgang Fietkau Verlag, Kleinmachnow.

Leaving my mother's home and my father's country

1 Aus einem Interview mit Tom F. Driver am 25. 10. 2007 in New York.
2 Ebd.
3 Aus einem Interview mit Janet Walton am 24. 10. 2007 in New York.
4 Beverly Harrison beim Panel »In Memory of Dorothee Sölle (1929–2003)«, 2003 während des Annual Meeting der AAR in Atlanta.
5 Aus einem Interview mit Janet T. Walton am 03. 03. 2008 in New York, und: dies., Art and Warship. A Vital Connection, 1988, S. 107 f.
6 Dorothee Sölle, New Yorker Tagebuch, Zürich 1987, S. 28 f.
7 Ebd., S. 31.
8 Vgl. Craig Nessan/Renate Wind, Wer bist Du, Christus?, Gütersloh 2002.
9 New Yorker Tagebuch, S. 38.

Fliegen lernen

1 Dorothee Sölle, Fliegen lernen, Berlin 1979.
2 Aus einem Interview mit Christopher Morse am 03.03.2008 in New York.
3 Aus einem Interview mit Donald Shriver am 05.03.2008 in New York.
4 Dorothee Sölle, Christofaschismus!, unveröffentlichtes Paper, zur Verfügung gestellt von Luise Schottroff, S. 13.
5 Erinnerungen von ehemaligen Studenten beim Panel »In Memory of Dorothee Sölle (1929–2003)«.
6 New Yorker Tagebuch, S. 53.
7 Ebd., S. 56.
8 Emma Lazarus, in: Statue of Liberty, The Story behind the Scenery, New York 2006.
9 New Yorker Tagebuch, S. 90 f.
10 Dorothee Sölle, Fliegen lernen. Gedichte.
© Wolfgang Fietkau Verlag, Kleinmachnow.
11 Jim Wallace, Remembering Dorothee Soelle, in: Religious Socialism, Fall 2003, S. 9 f.

Zwischen den Welten

1 Text »Joe Hill«, Version des Liedes vom Woodstock-Festival, gesungen von Joan Baez.
2 Gegenwind, S. 164 ff.
3 New Yorker Tagebuch, S. 75.
4 Ebd., S. 71.
5 Ebd., S. 19.
6 Frei Betto, Nachtgespräche mit Fidel, Luzern 1987.
7 DIE ZEIT vom 07.11.1986.
8 Jan Rehmann, Christlich-marxistischer Dialog in Perestroika-Zeiten, Beitrag zur Festschrift von Helmut Gollwitzer, Manuskript, vom Autor freundlich zur Verfügung gestellt.
9 Junge Kirche, Februar 1989, S. 19.
10 Gespräch mit Janet T. Walton am 03.03.2008 in New York und mit Beverly Harrison am 25.11.2003 in Atlanta.
11 New Yorker Tagebuch, S. 8 f.
12 Ebd., S. 144.
13 Dorothee Sölle, Zivil und ungehorsam. Gedichte.

© Wolfgang Fietkau Verlag, Kleinmachnow. Auch enthalten in: dies., Gesammelte Werke Band 8, S. 93.

Die Erde gehört Gott

1 Dorothee Sölle/Luise Schottroff, Die Erde gehört Gott, Reinbek b. Hamburg 1985, S. 119.
2 Ebd., S. 33.
3 Gegenwind, S. 143 f.
4 Ebd., S. 135 f.
5 Die Erde gehört Gott, S. 8 f.
6 Volker von Törne, Im Lande Vogelfrei, Gesammelte Gedichte, Berlin 1981, S. 212.
7 New Yorker Tagebuch, S. 66.
8 Dorothee Sölle, Ein Volk ohne Vision geht zugrunde. Anmerkungen zur deutschen Gegenwart und zur nationalen Identität, Wuppertal 1986.
9 Die Erde gehört Gott, S. 39.
10 Dorothee Sölle, Zivil und ungehorsam. Gedichte. © Wolfgang Fietkau Verlag, Kleinmachnow. Auch enthalten in: dies., Gesammelte Werke Band 8, S. 39.

Der Gott der Befreiung

1 Dorothee Sölle, Die revolutionäre Geduld. Gedichte. © Wolfgang Fietkau Verlag, Kleinmachnow.
2 Luise Schottroff, Vortrag zum 70. Geburtstag von Dorothee Sölle.
3 Dorothee Sölle, in: DIE ZEIT, Nr. 34, vom 19.08.1983, S. 14.
4 epd Nr. 213 vom 03.11.1983.
5 Dorothee Sölle, Verrückt nach Licht. Gedichte. © Wolfgang Fietkau Verlag, Kleinmachnow.

Mystik und Widerstand

1 Gespräch mit Anne und Tom Driver am 24.10.2007 in New York.
2 Mystik und Widerstand, S. 241.

3 Heinz Kahlau, Ein Flugbrett für Engel, Berlin/Weimar 1977.
4 Mystik und Widerstand, S. 180, 181 f., 185 und 193; Johann Baptist Metz wies in seinem Vortrag bei der Internationalen Bonhoeffer-Konferenz 2000 in Berlin darauf hin, dass der Begriff der »Compassio« auch die Theologie und Praxis Dietrich Bonhoeffers umfassend beschreibt.
5 Mystik und Widerstand, S. 246 f.
6 Aus: Dorothee Sölle, Zivil und ungehorsam. Gedichte. © Wolfgang Fietkau Verlag, Kleinmachnow. Auch enthalten in: dies., Gesammelte Werke Band 8, S. 95.

Verrückt nach Licht

1 Gegenwind, S. 301.
2 Widmung des Buches »Gott im Müll«, München 1992.
3 Ebd.
4 Dorothee Sölle/Fulbert Steffensky, Löse die Fesseln der Ungerechtigkeit, Predigten, Stuttgart 2004, S. 218.
5 Luise Schottroff, Vortrag zum 70. Geburtstag von Dorothee Sölle.
6 Mystik und Widerstand, S. 14.

Gott umarmen

1 Gegenwind, S. 312.
2 Dorothee Sölle/Fulbert Steffensky, Löse die Fesseln der Ungerechtigkeit, S. 244.
3 Dorothee Sölle, Mystik des Todes, Stuttgart 2003, S. 13 f.

Verwendete Literatur

Werke von Dorothee Sölle:

Anstiftung zur Zivilcourage, Freiburg, Basel, Wien 1983
Die Hinreise, Stuttgart 1975
Ein Volk ohne Vision geht zugrunde. Anmerkungen zur deutschen Gegenwart und zur nationalen Identität, Wuppertal 1986
Fliegen lernen, Berlin 1979
Gegenwind, München 1999
Ich will nicht auf tausend Messern gehen, München [3]2002
Leiden, Stuttgart 1973, [5]1980
Mystik des Todes, Stuttgart 2003
Mystik und Widerstand, München 1999
New Yorker Tagebuch, Zürich 1987
Stellvertretung, Ein Kapitel Theologie nach dem »Tode Gottes«, Stuttgart 1965 und 1982
Thesen über die Kriterien des theologischen Interesses an Literatur, in: Almanach 4 für Literatur und Theologie, Wuppertal 1970
Wege zum Leben in seiner Fülle – Ein zorniges Plädoyer gegen Geld und Gewalt, in: Die Zeit, Nr. 34 vom 19.08.1983

Zusammen mit Klaus Schmidt, Hg., Christen für den Sozialismus, Stuttgart 1975
Zusammen mit Luise Schottroff, Die Erde gehört Gott, Reinbek b. Hamburg 1985
Zusammen mit Fulbert Steffensky, Löse die Fesseln der Ungerechtigkeit, Predigten, Stuttgart 2004
Zusammen mit Peter Bichsel/Klara Obermüller, Teschuwa, Umkehr. Zwei Gespräche, Zürich 1989

Andere Werke:

Frei Betto, Nachtgespräche mit Fidel, Luzern 1987
Dietrich Bonhoeffer, Nach zehn Jahren, in: Dietrich Bonhoeffer, Werke, Band 8: Widerstand und Ergebung, Gütersloh 1998

Micha Brumlik (Hg.), Mein Israel, 21 erbetene Interventionen, Frankfurt/Main 1998

Ernesto Cardenal, Brief an Monsignore Casaldàliga, Wuppertal 1985

Ernesto Cardenal, Zerschneide den Stacheldraht. Lateinamerikanische Psalmen, Wuppertal 1967

Renate Fresow, Vera Sebastian, »Leben, ohne Angst zu haben«, Liedprogramm mit Texten von Brecht, Tucholsky und anderen zur Musik von Hanns Eisler

Heinz Kahlau, Ein Flugbrett für Engel, Berlin/Weimar 1977

Craig Nessan/Renate Wind, Wer bist Du, Christus? Gütersloh 2002

PUBLIK FORUM Extra, Dorothee Sölle, eine feurige Wolke in der Nacht, Oberursel 2004

Jan Rehmann, Christlich-marxistischer Dialog in Perestroika-Zeiten, Beitrag zur Festschrift von Helmut Gollwitzer; Manuskript vom Autor

Inge Scholl, The White Rose, Introduction by Dorothee Sölle, Middletown, Connecticut 1983

Fulbert Steffensky, Nachwort zu einem Leben, in: Hamburger Universitätsreden 8, Zum Gedenken an Dorothee Sölle, Hamburg 2004

Volker von Törne, Im Lande Vogelfrei, Gesammelte Gedichte, Berlin 1981

Jim Wallace, Remembering Dorothee Soelle, in: Religious Socialism, Fall 2003

Renate Wind, Bis zur letzten Konsequenz. Die Lebensgeschichte des Camilo Torres, Weinheim und Basel 1993

Vita

1929 30.9.: Geburt in Köln als viertes von fünf Kindern des Professors für Arbeitsrecht und Präsidenten des Arbeitsgerichtes Kassel Hans Carl Nipperdey und seiner Frau Hildegard
1945 April/Mai: zweimonatiger Aufenthalt in Jena
1945 Besuch des Mädchengymnasiums Köln; Beschäftigung mit Nietzsche, Benn, Heidegger, Camus, Sartre und Kierkegaard
1949 Beginn des Studiums der Philosophie, Germanistik und Klassischen Philologie in Köln und Freiburg
1951 Beginn des Studiums der Evangelischen Theologie und Germanistik in Göttingen, unter anderem bei Friedrich Gogarten
1954 Staatsexamen; Heirat mit dem Maler Dietrich Sölle; Religions- und Deutschlehrerin in Köln
1956 Geburt des Sohnes Martin
1957 Geburt der Tochter Michaela
1960 freie Mitarbeiterin für Rundfunk und Zeitschriften
1961 Geburt der Tochter Caroline
1962 Assistenz am Philosophischen Institut der TH Aachen
1964 für drei Jahre wissenschaftliche Mitarbeiterin an der Universität Köln
1965 Trennung von ihrem Ehemann Dietrich Sölle
1967 Beginn der lebenslangen Freundschaft mit Heinrich Böll
1968 Beginn der Politischen Nachtgebete in Köln als Reaktion auf den Vietnamkrieg
1969 Heirat mit Fulbert Steffensky
1970 Geburt der Tochter Mirjam; Mitgliedschaft im P. E. N.
1971 Habilitation an der Philosophischen Fakultät der Universität Köln
1972–1975 Lehrauftrag an der Ev. Theologischen Fakultät der Universität Mainz
1974 Theodor-Heuss-Medaille
1975–1987 Professur am Union Theological Seminary in New York
1981 Lessing-Preis der Stadt Hamburg

1982 Droste-Preis der Stadt Meersburg

1985 Verurteilung wegen Nötigung im Zuge des Protestes gegen die Stationierung von Pershing-II-Raketen

1987–1988 Gastprofessur an der Gesamthochschule Kassel

1988 erneute Verurteilung wegen versuchter Nötigung im Zuge des Protestes gegen US-Giftgasdepots in Deutschland

1991–1992 Gastprofessur an der Universität Basel

1994 Ehrenprofessorin der Universität Hamburg

1994 theologische, politische und literarische Arbeiten als freie Schriftstellerin und Gastdozentin an der Universität Hamburg, weltweite Vortragsreisen

2003 27.4.: Tod Dorothee Sölles auf einer Vortragsreise in Göppingen. Ihr letzter Vortrag trug den Titel »Über das Glück«.

Bibliografie

Untersuchungen zur Struktur der Nachtwachen von Bonaventura, 110 Seiten, Göttingen: Vandenhoeck & Ruprecht 1959.

Stellvertretung. Ein Kapitel Theologie nach dem »Tode Gottes«, 190 Seiten, Stuttgart: Kreuz-Verlag 1965; Neuausgabe 1982.

Die Wahrheit ist konkret, 130 Seiten, Olten u. Freiburg/Br.: Walter-Verlag 1967.

Phantasie und Gehorsam. Überlegungen zu einer künftigen christlichen Ethik, 90 Seiten, Stuttgart: Kreuz-Verlag 1968.

Atheistisch an Gott glauben. Beiträge zur Theologie, 129 Seiten, Olten u. Freiburg/Br.: Walter-Verlag 1968; Neuausgabe: München: Deutscher Taschenbuch Verlag 1994.

Meditationen und Gebrauchstexte. Gedichte, 34 Seiten, Berlin: Wolfgang Fietkau Verlag 1969; 5. Auflage 1999.

Politisches Nachtgebet in Köln, Band 1, hg. v. Dorothee Sölle u. Fulbert Steffensky, 157 Seiten, Stuttgart: Kreuz-Verlag 1969.

Politisches Nachtgebet in Köln, Band 2: Texte, Analysen, Kritik, hg. v. Dorothee Sölle u. Fulbert Steffensky, 157 Seiten, Stuttgart: Kreuz-Verlag / Mainz: Matthias-Grünewald-Verlag 1970.

Politische Theologie. Auseinandersetzung mit Rudolf Bultmann, 224 Seiten, Stuttgart: Kreuz-Verlag 1971; erweiterte Neuauflage 1982.

Das Evangelium als Inspiration. Impulse zu einer christlichen Praxis. Dorothee Sölle antwortet Karl Munser, 89 Seiten, Düsseldorf: Patmos 1971.

Leiden, 210 Seiten, Stuttgart: Kreuz-Verlag 1973; Neuausgabe 2003.

Realisation, 409 Seiten, Darmstadt u. Neuwied: Luchterhand 1973.

Die revolutionäre Geduld. Gedichte, 36 Seiten, Berlin: Wolfgang Fietkau Verlag 1974.

Christentum und Sozialismus. Vom Dialog zum Bündnis, hg. v. Dorothee Sölle u. Klaus Schmidt, 160 Seiten, Stuttgart: Kohlhammer 1974.

Die Hinreise. Texte und Überlegungen zur religiösen Erfahrung, 192 Seiten, Stuttgart: Kreuz-Verlag 1975; 10. Auflage 1992.

Sympathie. Theologisch-politische Traktate, 319 Seiten, Stuttgart: Kreuz-Verlag 1978; 3. Auflage 1981.

Fliegen lernen. Gedichte, 84 Seiten, Berlin: Wolfgang Fietkau Verlag 1979; 5. Auflage 1994.

Wählt das Leben, 160 Seiten, Stuttgart: Kreuz-Verlag 1979; 4. Auflage 1986.

Spiel doch von Brot und Rosen. Gedichte, 128 Seiten, Berlin: Wolfgang Fietkau Verlag 1981; 3. Auflage 1998.

Das Recht, ein Anderer zu werden, 192 Seiten, Stuttgart: Kreuz-Verlag 1981.

Im Hause des Menschenfressers. Texte zum Frieden, 170 Seiten, Reinbek: Rowohlt Taschenbuchverlag 1981; veränderte englische Ausgabe: Of war and love, Maryknoll/NY: Orbis Books 1983.

Aufrüstung tötet auch ohne Krieg, 128 Seiten, Stuttgart: Kreuz-Verlag 1982.

Fürchte dich nicht, der Widerstand wächst, 144 Seiten, Zürich: Pendo Verlag 1982.

Nicht nur Ja und Amen. Von Christen im Widerstand (zusammen mit Fulbert Steffensky), 120 Seiten, Reinbek: Rowohlt Taschenbuchverlag 1983; 66.–68. Tausend 1995.

Revolution ohne Todesstrafe. Zwei Berichte aus Nicaragua (zusammen mit Peter Frey), 120 Seiten, Zürich: Pendo Verlag 1984.

Die Erde gehört Gott. Ein Kapitel feministischer Befreiungsliteratur (zusammen mit Luise Schottroff), 200 Seiten, Reinbek: Rowohlt Taschenbuchverlag 1984; erweiterte und überarbeitete Neuausgabe: Wuppertal: Peter Hammer Verlag 1995.

»Dank sei Gott und der Revolution«. Christen in Nicaragua, hg. v. Dorothee Sölle u. Horst Goldstein, 211 Seiten, Reinbek: Rowohlt Taschenbuchverlag 1984.

Verrückt nach Licht. Gedichte, 176 Seiten, Berlin: Wolfgang Fietkau Verlag 1984; 2. Auflage 1992.

Gebet für Marilyn Monroe. Meditationen (zusammen mit Ernesto Cardenal), 64 Seiten, Wuppertal: Jugenddienst-Verlag 1984.

Wie den Menschen Flügel wachsen. Über Umkehr aus dem Gewalt-System (zusammen mit Hans-Eckehard Bahr), 91 Seiten, München: Chr. Kaiser Verlag 1984.

»Als Frau ist es wohl leichter, Mensch zu werden«. Gespräche mit Dorothee Sölle, Margarethe von Trotta, Heidemarie Wieczorek-Zeul, hg. v. Heike Mundzeck, 155 Seiten, Reinbek: Rowohlt Taschenbuchverlag 1984.

To work and to love. A theology of creation (zusammen mit Shirley A. Cloyes), 165 Seiten, Philadelphia: Fortress Press 1984.

Lieben und arbeiten. Eine Theologie der Schöpfung, 216 Seiten, Stuttgart: Kreuz-Verlag 1985; Neuausgabe: Hamburg: Hoffmann und Campe 1999; Taschenbuchausgabe: München: Piper 2001.

Ein Volk ohne Vision geht zugrunde (Sprüche Salomos 29, 18). Anmerkungen zur deutschen Gegenwart und zur nationalen Identität, 160 Seiten, Wuppertal: Peter Hammer Verlag 1986.

Ich will nicht auf tausend Messern gehen. Gedichte, 160 Seiten, München: Deutscher Taschenbuch Verlag 1986; 3. Auflage 2002.

Das Fenster der Verwundbarkeit. Theologisch-politische Texte, 350 Seiten, Stuttgart: Kreuz-Verlag 1987.

New Yorker Tagebuch, 144 Seiten, Zürich: Pendo Verlag 1987.

Und ist noch nicht erschienen, was wir sein werden. Stationen feministischer Theologie, 186 Seiten, München: Deutscher Taschenbuch Verlag 1987.

Das Kreuz – Baum des Lebens (zusammen mit Luise Schottroff und Bärbel von Wartenberg-Potter), 95 Seiten, Stuttgart: Kreuz-Verlag 1987.

Dorothee Sölle im Gespräch, hg. v. Theo Christiansen u. Johannes Thiele, 240 Seiten, Stuttgart: Kreuz-Verlag 1988.

Teschuwa. Zwei Gespräche – Dorothee Sölle im Gespräch mit Klara Obermüller und Peter Bichsel, 117 Seiten, Zürich: Pendo Verlag 1989.

Wer hat dich so geschlagen? Widerborstige Meditationen, 119 Seiten, Zürich: Schweizer Verlagshaus 1989.

Zivil und ungehorsam. Gedichte, 152 Seiten, Berlin: Wolfgang Fietkau Verlag 1990.

Gott denken. Einführung in die Theologie, 256 Seiten, Stuttgart: Kreuz-Verlag 1990; Taschenbuchausgabe München: Deutscher Taschenbuch Verlag 1997; Neuausgabe München: Piper 2002.

Hannas Aufbruch. Aus der Arbeit feministischer Befreiungstheologie, 160 Seiten, Gütersloh: Gütersloher Verlagshaus 1990.

Parteilichkeit und Evangelium. Grundzüge der Theologie von Georges Casalis, hg. v. Dorothee Sölle, 229 Seiten, Fribourg u.a.: Edition Exodus 1991.

Das Recht auf ein anderes Glück, 140 Seiten, Stuttgart: Kreuz-Verlag 1992.

Es muß doch mehr als alles geben. Nachdenken über Gott, 160 Seiten, Hamburg: Hoffmann und Campe 1992; Neuausgabe: Freiburg/Br.: Herder Verlag 2002.

Gott im Müll. Eine andere Entdeckung Lateinamerikas, 176 Seiten, München: Deutscher Taschenbuch Verlag 1992.

Die Sowohl-als-auch-Falle. Eine theologische Kritik des Postmodernismus (zusammen mit Kuno Fussel und Fulbert Steffensky), 111 Seiten, Luzern: Edition Exodus 1993.

Große Frauen der Bibel. In Bild und Text. Meditationen: Dorothee Sölle. Was nicht in der Bibel steht: Joe H. Kirchberger. Bildlegenden: Anne-Marie Schnieper. Konzeption: Emil M. Bührer, 295 Seiten, Freiburg/Br.: Herder Verlag 1993.

Mutanfälle. Texte zum Umdenken, 240 Seiten, Hamburg: Hoffmann und Campe 1993.

Träume mich Gott. Geistliche Texte mit lästigen politischen Fragen, 158 Seiten, Wuppertal: Peter Hammer Verlag 1994.

Gewalt. Ich soll mich nicht gewöhnen, 127 Seiten, Düsseldorf: Patmos Verlag 1994.

Gegenwind. Erinnerungen, 320 Seiten, Hamburg: Hoffmann und Campe 1995; Taschenbuchausgabe: München: Piper 1999; englische Ausgabe: Against the wind. Memoir of a radical Christian, Minneapolis: Fortress Press 1999.

Wider den Luxus der Hoffnungslosigkeit (zusammen mit Fulbert Steffensky), 128 Seiten, Freiburg/Br.: Herder Verlag 1995.

Zwietracht in Eintracht. Ein Religionsgespräch (zusammen mit Fulbert Steffensky), 148 Seiten, Zürich: Pendo Verlag 1996.

Das Eis der Seele spalten. Theologie und Literatur in sprachloser Zeit, 280 Seiten, Mainz: Matthias-Grünewald-Verlag 1996.

Himmelsleitern. Ein Gespräch über Literatur und Religion (zusammen mit Josef P. Mautner), 101 Seiten, Salzburg u. a.: Pustet 1996.

Scientia und Sapientia. Wege zu einer ökofeministischen Spiritualität, 34 Seiten, Vaduz: Verlag der Liechtensteinischen Akademie 1996.

Den Himmel erden. Eine ökofeministische Annäherung an die Bibel (zusammen mit Luise Schottroff), 170 Seiten, München: Deutscher Taschenbuch Verlag 1996.

Mystik und Widerstand: »du stilles Geschrei«, 386 Seiten, Hamburg: Hoffmann und Campe 1997; Taschenbuchausgabe: München: Piper 1999; englische Ausgabe: The silent cry. Mysticism and resistance, Minneapolis: Fortress Press 2001.

Zur Umkehr fähig. Mit Dorothee Sölle im Gespräch (von Reinhold Boschki und Ekkehard Schuster), 108 Seiten, Mainz: Matthias-Grünewald-Verlag 1999.

Erinnert euch an den Regenbogen. Texte, die den Himmel auf Erden suchen, 191 Seiten, Freiburg/Br.: Herder Verlag 1999.

Loben ohne Lügen. Gedichte, 118 Seiten, Berlin: Wolfgang Fietkau Verlag 2000.

Jesus von Nazaret (zusammen mit Luise Schottroff), 159 Seiten, München: Deutscher Taschenbuch Verlag 2000; 4. Auflage 2002.

Den Rhythmus des Lebens spüren. Inspirierter Alltag, 258 Seiten, Freiburg/Br.: Herder Verlag 2001; Taschenbuchausgabe 2003.

Gottes starke Töchter. Große Frauen der Bibel, 160 Seiten, Ostfildern: Schwabenverlag 2003.

Mystik des Todes, 162 Seiten, Stuttgart: Kreuz-Verlag 2003.

Seit 2006 erscheinen Dorothee Sölles gesammelte Werke als zwölfbändige Reihe im Kreuz-Verlag.

Für weitere Informationen zu Dorothee Sölles Leben und Werk siehe auch: http://www.dorothee-soelle.de

Bildnachweis

S. 12, 24, 27, 34, 47, 48, 53, 64, 77, 83, 87, 92, 93, 96, 98, 101, 105, 116, 125, 142, 153, 168, 183, 186 und 190: privat
S. 69 und 74f: © Evangelische Kirche im Rheinland / Hans Lachmann
S. 136: © pix4media / Jesper Dijohn Pressefoto, Neuenegg / Schweiz
S. 175: © Boris Rostami-Rabet, Hamburg
S. 177: © Brigitte Friedrich, Köln

Trotz intensiver Bemühungen war es dem Verlag nicht in allen Fällen möglich, den jeweiligen Rechtsinhaber ausfindig zu machen: Für Hinweise sind wir dankbar. Rechtsansprüche bleiben gewahrt.

Bibliografische Information der Deutschen Bibliothek
Die Deutsche Bibliothek verzeichnet diese Publikation in der Deutschen Nationalbibliografie; detaillierte bibliografische Daten sind im Internet über http://dnb.ddb.de abrufbar.

2. Auflage 2009

www.kreuzverlag.de

Umschlaggestaltung: Bergmoser + Höller Agentur, Aachen
Umschlagbild: D. Sölle: © Boris Rostami-Rabet, Hamburg
Satz: de·te·pe, Aalen
Druck: CPI – Clausen & Bosse, Leck

ISBN 978-3-7831-3137-6

Dorothee Sölle ▪ Das poetische Werk

Die sieben Gedichtbücher von Dorothee Sölle erschienen zwischen 1969 und 2000 im Wolfgang Fietkau Verlag:

Loben ohne Lügen Gedichte
1. Auflage 2000
116 Seiten, € 12,– ISBN 978-3-87352-505-4

Zivil und ungehorsam Gedichte
1990, 2. Auflage 1995
152 Seiten, € 14,– ISBN 978-3-87352-504-7

Verrückt nach Licht, Gedichte
1984, 3. Auflage 2003
176 Seiten, € 14,– ISBN 978-3-87352-503-0

Spiel doch von Brot und Rosen, Gedichte
1981, 4. Auflage 2006
128 Seiten, € 12,– ISBN 978-3-87352-502-3

Fliegen lernen, Gedichte
1979, 6. Auflage 2006
84 Seiten, € 10,– ISBN 978-3-87352-501-6

Die revolutionäre Geduld, Gedichte, »schritte« 26
1974, 4. Auflage 2006
36 Seiten, € 4,50 ISBN 978-3-87352-026-4

Meditationen & Gebrauchstexte, Gedichte, »schritte«16
1969. 5. Auflage 2006
36 Seiten, € 4,50 ISBN 978-3-87352-016-5

Im lieferbaren Programm auch Werke von:
Wolfgang Bauer, Konrad Bayer, Dieter Beckmann, Max Bense, Bert Berkensträter, Hansjürgen Bulkowski, Oskar Cöster, Achim Dehne, Reinhard Döhl, Ute Erb, Burckhard Garbe, Walter Gerlach, Ingeborg Görler, Aldona Gustas, Heinz Jürgen Harder, Ludwig Harig, Arnim Juhre, Ferdinand Kriwet, Lothar Lutze, Kurt Marti, Franz Mon, Christa Reinig, Manfred Römbell, Margot Schröder, Peter Weidhaas, Theodor Weißenborn, Carl Werner, Rudolf Otto Wiemer, Hildegard Wohlgemuth.